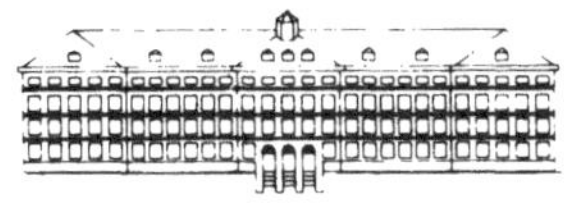

E. E. Dittel und P. Kopacek (Hrsg.)

EDV-Einsatz in Krankenanstalten

Springer-Verlag Wien New York

Prim. Dr. Eike E. Dittel
Verband der Ärztlichen Direktoren und Primarärzte Österreichs
Wien, Österreich

Univ.-Prof. Dipl.-Ing. Dr. Peter Kopacek
Wissenschaftliche Landesakademie für Niederösterreich
Krems, Österreich

Reproduktionsfertige Vorlage von der Wissenschaftlichen Landesakademie
für Niederösterreich

Gedruckt auf säurefreiem, chlorfrei gebleichtem Papier – TCF

Mit 31 Abbildungen

Die Deutsche Bibliothek – CIP-Einheitsaufnahme

EDV-Einsatz in Krankenanstalten / E. E. Dittel und P.
Kopacek (Hrsg.). – Wien ; New York : Springer, 1995
(Schriftenreihe der Wissenschaftlichen Landesakademie für
Niederösterreich)
ISBN-13: 978-3-211-82676-8   e-ISBN-13: 978-3-7091-9404-1
DOI: 10.1007/978-3-7091-9404-1
NE: Dittel, Eike E.

ISSN 0940-5801
ISBN 3-211-82676-9 Springer-Verlag Wien New York

Vorwort

Die EDV im Krankenhaus erfährt in den letzten Jahren eine stürmische Entwicklung. Überwogen bis vor kurzem Verwaltungsapplikationen in einem Krankenhaus, so geht der Trend immer stärker in Richtung integrierter medizinischer Gesamtlösungen. Von den in einem Krankenhaus anfallenden Daten sind ca. 90% medizinischer Natur. Dementsprechend wird auch dem Sektor „Medizininformatik" in Zukunft eine große Bedeutung zukommen.

Die Wissenschaftliche Landesakademie für NÖ und insbesondere die Abteilung System- und Automatisierungstechnik, hat es sich zur Aufgabe gemacht, auf diesem innovativen, interdisziplinären Gebieten tätig zu sein.

Auf Grund einer jahrelangen Zusammenarbeit mit dem Zentrum für medizinische Aus-, Fort- und Weiterbildung an derselben Einrichtung, entstand die Idee, die Informatik in der Medizin auf eine breitere, wissenschaftliche Basis zu stellen. Beherrschen derzeit noch Großrechner („Mainframes") die Szene, so geht der Trend auf der Hardwareseite nun eindeutig in die Richtung der vernetzten Kleinrechner (PC´s). Dadurch ist auch auf der Softwareseite ein Umdenken erforderlich.

EDV im Krankenhaus besteht derzeit überwiegend aus Verwaltungssoftware. Die zukünftige Entwicklung geht aber eindeutig in Richtung medizinische Softwarepakete in Krankenhausinformationssysteme zu integrieren.

Die Wissenschaftliche Landesakademie ist in dieser Richtung seit Jahren tätig.

Diese Jahrestagung soll der erste Schritt in einer wissenschaftlichen, praktikablen, integrierten und preiswerten Gesamtlösung für eine Krankenhaus EDV sein.

E.E. Dittel   P. Kopacek

Inhaltsverzeichnis

Stand und Entwicklungstendenzen -
organisatorisch medizinische Aspekte

E.E. Dittel
Österreichisches Institut für
ärztliche Aus-, Fort- und Weiterbildung
Wissenschaftliche Landesakademie für Niederösterreich, Krems, Österreich

KURZFASSUNG

Die Diskussionen zur Erstellung eines integrierten Krankenhausinformationssystems begannen erst durch den enormen Fortschritt im Bereich der Hardwareentwicklung. Extreme Rechenleistungen ermöglichen heute einen nahezu vollkommen digitalisierten Krankenhausbetrieb. Voraussetzungen, Bestrebungen und Trends in Richtung elektronischer Krankengeschichte sowie Visionen zur Realisierung sollen in diesem Beitrag gezeigt werden.

1. Entwicklungstendenzen

1.1 Jedes Jahr Verdoppelung der Rechnerleistung

Die Entwicklung von medizinischen Informationssystemen ist untrennbar mit der Leistungssteigerung der Rechnerleistung in den letzten 40 Jahren verbunden. Diese ist durch eine bis heute anhaltende jährliche Verdoppelung der Rechnergeschwindigkeit gekennzeichnet. Es kann davon ausgegangen werden, daß diese Entwicklung noch weitere 10 Jahre anhalten wird (also eine nochmals rund 1.000fache Geschwindigkeitssteigerung). Als unüberwindbare Grenze zeigt sich nur die Lichtgeschwindigkeit, wobei das Licht im Nanosekundenbereich nur mehr etwa 30 cm zurücklegt. Der Preisverfall einerseits und die rasante Leistungssteigerung Jahr für Jahr hat dazu geführt, daß Mikrorechner (PC's) zumindest in die Leistungsklasse der mittleren Datentechnik vorgedrungen sind und so die Zentralrechner mehr und mehr nur als Dateiserver verwendet werden. Die Ära der Zentralrechner mit sequentieller Datenbankarchitektur wird weitgehend durch ein Client/Server-Konzept mit dezentraler Rechnerleistung und graphischer Oberfläche, verbunden durch ein Datennetz mit durchschnittlich 10 Megabits Transportleistung („Token Ring" oder „Ethernet"), ersetzt. Rechnernetze mit über 20.000 Arbeitsstationen (!) sind auf diese Weise im Einsatz. Durch das Konzept des Parallelrechners (mehrere Mikroprozessoren, die durch entsprechenden Algorithmus an einer Aufgabe gleichzeitig rechnen) werden Rechnerleistungen erreicht, die an die der schnellsten Hochleistungsrechner (CRAY) heranreichen, allerdings um den Bruchteil der Kosten.

Wie bei der Autoindustrie in den 50er Jahren, bei der jedes Jahr ein neues Modell auf den Markt kam, das man natürlich haben mußte, waren Investitionen auf dem Hardware-Sektor in den letzten Jahren richtige „Geldvernichtungsmaschinen". Nicht nur die Rechnerleistung vervielfachte sich, sondern auch die Preise verfielen bis zu 40% pro Jahr. Verständlich, daß kostenbewußte Krankenhausträger so lange wie möglich einen großen Bogen um die Einführung von derartig komplexen Gebilden wie umfassenden Krankenhaus-informationssystemen (KIS) gemacht haben und den Vortritt lieber anderen gelassen haben.

Der Hunger nach immer mehr Rechnerleistung am Arbeitsplatz ist kaum zu stillen, wenn rechenintensive Programme laufen. Die Antwortzeiten können gar nicht kurz genug sein. Insbesondere bei bildgebenden Verfahren (Röntgen, Ultraschall) fallen relativ große Datenmengen an, die dementsprechend für ihre Übertragung möglichst schnelle Datenleitungen verlangen.

Durch die ausreichende Leistung der Rechner werden einfache Textverarbeitungsprogramme durch Hochleistungsprogramme ersetzt, die „alle Stücke spielen" und ihre Grenzen nur in der Lernfähigkeit der Benutzer finden, um alle Fähigkeiten gebrauchen zu können. Automatische Fehlerkorrektur, umfassender Wortschatz bis hin zur Unterstützung bei der Übersetzung in Fremdsprachen sind nur einige Features, die bereits preiswert erhältlich sind. Die Entwicklung geht daher in Zukunft kaum mehr in die Richtung „noch mehr können", sondern in „einfacher benützbar".

Auch den „grünen Computer" gibt es bereits. Es sind Geräte, die Energie sparen und die bei der Entsorgung leichter wiederverwertbares Material enthalten.

1.2 Weg in die Informationsgesellschaft, Integration von Text, Bild und Telefon

So wie wir uns in einem „Jahrzehnt der Digitalisierung" befinden, steht jetzt schon fest, daß wir einem Jahrhundert entgegengehen, das der „Informationsgesellschaft" gehört. In diesem wird der Informations- und Kommunikationsbereich eine marktdominierende Basistechnologie darstellen. Der Anteil am BIP wird von etwa 7 auf 14% expandieren. Der Anteil vom BIP für die medizinische Versorgung wird sich zumindest in den USA von derzeit 13 auf 20% bereits bis zum Jahr 2000 erhöhen (Österreich derzeit 8,9%)!

Auch die Datenverarbeitung im medizinischen Bereich kann sich dieser Entwicklung nicht verschließen. Sie ist gefordert, unter Wahrung des Persönlichkeitsrechts des einzelnen - also des Datenschutzes - rasch Text- und Bild-Daten erfassen und wieder auffinden zu können.

Auch bei der Größe und dem Energieverbrauch der Systeme entwickelt sich in der Grundlagenforschung ein neuer Bereich der molekularen und atomaren Nanoelektronik, Zellbiotechnologie sowie der Photonik auf der Basis paralleler und vernetzter Systeme.

2. Istzustand und Anforderungen an ein Krankenhausinformationssystem

2.1 Im Krankenhaus bisher meist nur Verwaltungsrechner

Sieht man von einigen „mutigen" Vorreitern integrierter Informationssysteme ab, die auch die nötige Finanzkraft aufbringen konnten, wie etwa dem AKH Wien, LKH Graz, LKH Salzburg und der AUVA, um nur einige aufzuzählen, sind bis heute nahezu ausschließlich die Verwaltungen unter weitgehendem Ausschluß der medizinischen Dokumentation mit EDV-Systemen ausgerüstet bzw. die medizinische Dokumentation im nachhinein an diese angebunden. Schon aus Datenschutzgründen ist bei völlig anderer Interessenslage die medizinische Dokumentation als ein eigenständiges Gebilde zu sehen und läßt sich nicht als Annex zur Verwaltungssoftware aufbauen. Im Idealfall ist allerdings die Übergabe von Leistungsdaten an die Verrechnungsstelle einerseits und die Übernahme von Verwaltungsdaten auf der anderen Seite integriert. Gleichzeitig soll damit gesichert werden, daß die Daten nicht redundant geführt werden müssen.

2.2 Großer Bedarf im medizinischen Bereich

Abstinenz wird in allernächster Zukunft schon aus ökonomischen Gründen und aus Gründen der Qualitätssicherung nicht mehr möglich sein. Obwohl es das „papierlose Krankenhaus" nicht so schnell geben wird, soll am Beispiel der nicht selten kiloschweren Krankengeschichten auf die Explosion der Dokumentation im Krankenhausbereich hingewiesen werden. *Bei gleichem Krankheitsbild ist die Krankengeschichte eines Patienten heute durchschnittlich dreißigmal umfangreicher als im Jahre 1920.*

Durch die gesetzlich normierte Dokumentationspflicht muß jeder Vorgang im ärztlichen Bereich und teilweise auch im Pflegebereich nachvollziehbar festgehalten werden. Durch die konventionelle Form der Dokumentation wird die Datenmenge immer weniger überschaubar.

Handschriftliche Aufzeichnungen sind meist schwer lesbar und spätere Auswertungen sind äußerst zeitraubend. So stellt jede Krankengeschichte aus medizinisch-wissenschaftlicher Sicht einen Schatz dar, der aber oft kaum mehr gehoben werden kann. Die verbreitete Mikroverfilmung konnte die Situation nicht verbessern. Im Gegenteil, schon im Original schwer lesbare Passagen - sind am Mikrofilm zumeist unleserlich.

Die Redundanz von Daten ist ein weiteres Phänomen der konventionellen Aufzeichnung. Außer einem Klebeetikett steht der medizinischen Administration meist nichts zur Erleichterung der Arbeit zur Verfügung. Bereits in anderen Bereichen erfaßte Daten (Labor!) werden vielfach im wahrsten Sinne des Wortes in zeitraubender „Handarbeit" von vorhandenen Befundblättern in die Krankengeschichte übertragen. Die Fehlerquoten sind beachtlich. Der Zeitaufwand für die Tätigkeit beträgt beim Pflegepersonal bis zu 30%!

Bei der Verfassung des Entlassungsbriefes wiederholt sich der Vorgang abermals.

Bei Therapien, die über mehrere Krankenhausaufenthalte hinausgehen (Onkologie!), steigt der Umfang der Krankengeschichten oft beachtlich. Der Überblick etwa bei Chemotherapien, bei denen die Gesamtdosis über einen Zeitraum von einigen Monaten nicht überschritten werden darf, zeigt, daß hier eine enorme Überlegenheit bei EDV-gestützten Systemen gegeben ist.

3. Standardisierung

3.1 Entwicklung von Standards

Wesentliche Voraussetzung für die weitere positive Entwicklung des Marktes ist die Entwicklung von Standards, wie Schnittstellendefinitionen und Protokolle, die sinnvollerweise auf internationaler Ebene ausgetauscht werden, aber auch die Übernahme von Quasi-Standards, die sich durch die dominierende Stellung auf dem Markt durchsetzen, wie etwa der SQL-92 Standard.

Obwohl ein hoher Grad an Integration gerade im Krankenhausbereich wünschenswert ist, findet man nicht selten in ein und demselben Raum hinter der Fassade medizinischer Geräte ein Dutzend verschiedener „Systemwelten" von „A" wie Alpha-Chip bis „Z" wie Z-80-Prozessor, die untereinander nur schwer oder gar nicht kommunizieren können. Bis vor kurzem bemühten sich gerade die großen Anbieter eine echte Integrationsfähigkeit zu verhindern, um den Mitanbieter auszuschalten. Das Schlagwort vom „offenen System" war eben nur ein Schlagwort. In der Zwischenzeit kommen immer mehr Lösungen auf den Markt,

4

die weitgehend hardwareunabhängig lauffähig sind. Die volle Rechnerleistung kann natürlich nur dann genutzt werden, wenn auch die Software die Leistung des Prozessors ausnützen kann.

3.2 Übertragungsprotokolle - Datenautobahnen

Neben der herkömmlichen Verbindung durch analoge Telefonleitungen hat sich in Europa der Euro-ISDN-Dienst als digitales Leitungsnetz durchgesetzt. Er bietet neben dem „B-Kanal" für Telefonie und langsame Datenübertragung auch Telefax der Gruppe 4 und Bildschirmtext bzw. Datenübermittlung mit 64 kbits an. Mitte Dezember letzten Jahres wurde zeitgleich mit insgesamt 26 Netzbetreibern in 20 Staaten das Euro-ISDN mit einheitlichem Standard in Betrieb genommen. Bis dahin wurden teilweise abweichende nationale Normen verwendet, die nur mit Normwandlern weiter verwendet werden können (in Deutschland über 250.000 Teilnehmer betroffen)! War bisher die Relation der Nutzung von Telefonanlagen zu PC-Anlagen noch 70:30, wird sich die Relation zugunsten der PC´s schnell ändern.

Um mehrere Größenordnungen schneller sind Hochgeschwindigkeitsnetze, „Datenautobahnen" mit Leistungen um die 40 Mbits. Die USA haben eben begonnen ein derartiges Netz zu installieren. Mit diesen Netzen ist eine Bildübertragung in Echtzeit gelöst.

3.3 Drahtlose Datenübertragung

Neben der drahtgebundenen Übertragung steht die drahtlose Übermittlung bis hin zur Satellitenkommunikation zur Verfügung. Seit längerer Zeit gibt es US-Kliniken, die die Fortbildung durch die Einspeisung ihres Programms mittels „Up-link" durchführen. Den Rest der Sendezeit verkaufen sie an andere Anbieter.

Die drahtlose Datenerfassung im Klinikbereich kann durch die Schaffung des europäischen CEPT-Standards vorangetrieben werden, der im Frequenzbereich von 1.800 GHz ein digitales Mikrozellularnetz zuläßt, das sowohl für Sprache als auch Daten verwendbar ist.

Mit den üblichen Einschränkungen ist die Datenübermittlung auch mittels Infrarot-Sende- und Empfangsanlagen möglich.

3.4 Kommunikation mit anderen Gesundheitseinrichtungen - Electronic mail

Die Ebene der Kommunikation zwischen Krankenhaus/Krankenhaus bzw. Krankenhaus/Ordination oder anderen Gesundheitsdiensten verläuft traditionell mit Entlassungsbriefen auf dem Postweg, bestenfalls noch mit FAX. Da auch hier die Integration der Tätigkeiten in Zukunft angesagt ist, gibt es wohl keine Frage, daß der Zugriff auf Daten in beiden Bereichen digital möglich wird. Am geringsten sind die Hürden auf technischem Gebiet. Weltweite Datennetze funktionieren bereits mit Millionen Teilnehmern. Benutzer dieser Systeme können mit Electronic-Mail schon jetzt effizient (wesentlich schneller und damit kostengünstiger) ihren gesamten Datenverkehr mittels DfÜ austauschen.

4. Datenverarbeitung

4.1 Datenschutz, Langzeitarchivierung

Datenschutz beginnt bei der Stromausfallsicherung (Offliner, Booster, Dauerwandler), der Datenspiegelung auf Plattensystemen, der häufigen Datensicherung - am besten täglich auf Band- und optischen Systemen als Langzeitarchiv. Die Systemverfügbarkeit kann damit nahezu 100%ig gesichert werden.

Der Gesetzgeber verlangt derzeit für Krankenanstalten eine Aufbewahrung von Krankengeschichten und „verderblichen Röntgenbildern" für 10 Jahre im Ambulanzbereich (gilt jetzt auch für Ordinationen), 30 Jahre im stationären Bereich und 50 Jahre von Obduktionsprotokollen. Bereits jetzt stehen durch optische Plattenspeicher Langzeitarchive zur Verfügung, die den ständigen Zugriff von Daten über Jahrzehnte auch in großen Krankenanstalten ermöglichen.

Hacker und Cracker sind immer und überall. Störprogramme (Viren) und Datenmißbrauch sind Probleme, die auch die medizinische Datenverarbeitung treffen können. Trotz aller bereits entwickelten Schutzmaßnahmen ist das Einbringen von solchen Störenfrieden immer möglich. Ausgefeilte hierarchische Zugangskontrollen dürfen allerdings nicht soweit reichen, daß ein Zugriff für Berechtigte im Ernstfall unmöglich gemacht wird.

4.2 Eingabesysteme

Die Möglichkeit der Eingabe von Daten über die Tastatur ist allgemein bekannt. Für Arbeiten außerhalb von Sekretariaten - besonders im Patientenbereich - ist diese Methode ungünstig. Sensitive Schirme und Digitalisiertabletts eignen sich wesentlich besser.

Auch die Direkteingabe mittels der Stimme durch Spracherkennung funktioniert schon recht gut. „His master's voice" wird mit über 90% erkannt. Interessant ist diese Anwendung daher jetzt schon etwa im Röntgenbefundbereich. Auch Kombinationen von Telefonanlage und Sprachaufzeichnungs-Wiedergabesystemen verbessern den Datenfluß etwa im Röntgenbereich.

Außerdem gibt es als Eingabegeräte die Mouse, die Magnet- oder Chipkarte und Barcode-Leser. Den Chip-Karten „MEDCARDS" gehört die Zukunft. Sie haben sich in Großfeldversuchen bewährt und werden beispielsweise in Frankreich bereits flächendeckend eingesetzt. Auch in Österreich stehen wir kurz vor der Einführung eines solchen Systems.

Flachbett-Scanner sind jetzt schon verfügbar, die ein baldiges Ende der Mikroverfilmung bedeuten. Die eingescannten Dokumente können nachträglich mit Texterkennungs-programmen (OCR) in ASCII-Files übergeleitet werden, die ihrerseits über die Generierung eines Thesaurus eine Freitextsuche ermöglichen. Bei Röntgenbildern funktioniert die Technik ebenfalls, die Datenmengen sind allerdings beachtlich. Ein Lungenröntgenbild verbraucht vor der Datenkompression rund 40 MB.

Nicht zu vergessen ist natürlich die direkte Datenübernahme über Interfaces der verschiedensten medizinischen Systeme, wie Laborgeräte, Ultraschallgeräte, Röntgenanlagen etc.

4.3 Ausgabesysteme

Monitore, Laserdrucker, FAX, Video-Printer, Imager und Schnittstellen in Datennetzen stellen die Ausgabeseite der EDV-Systeme dar.

Ein Innovationsschub wird in nächster Zeit in Form von „aktiven Bildschirmen" erwartet, die die Kathodenstrahlröhre mit all ihren Nachteilen ersetzen soll.

Die Ära der einfachen Terminals ohne die Möglichkeit einer graphischen Darstellung geht im medizinischen Bereich zu Ende. Durch die ausreichende Rechnerleistung von PC-Arbeitsstationen hat die Windows-Oberfläche den medizinischen Informatikbereich rasch erobert. Große Preissprünge sind bei Hochleistungsarbeitsplätzen (Röntgenarbeitsplätzen) gegeben. Der Unterschied liegt in einer vollen Größenordnung (guter PC-Arbeitsplatz öS 50.000,-- gegenüber 500.000,-- bis 1 000 000,-- für einen Röntgenarbeitsplatz).

4.4 Diagnoseverschlüsselung - ICD 9

Obwohl für den medizinisch-wissenschaftlichen Bereich, besonders in der Pathologie, weitgehend unbrauchbar, ist auf Grund von WHO-Richtlinien die Anwendung des ICD-Diagnoseschlüssels (derzeit in der Version 9 in der Abwandlung nach KRAZAF) in Österreich für die öffentlichen Krankenanstalten bindend vorgeschrieben. In Deutschland ist man dabei, noch ein Jahr zu warten, um erst die Version 10 allgemein bindend - also auch für den niedergelassenen Bereich - vorzuschreiben. Der ICD-10 wird ein alpha-numerischer Schlüssel, deutlich erweitert gegenüber dem ICD-9, und es wird die Möglichkeit geben, daß er aus dem mehrdimensionalen, systematischen SNOMED-Code automatisch umgeschlüsselt werden kann (Entwicklung erfolgt durch die Gesellschaft für Pathologie in Chicago).

5. Informations- und Qualitätsverbesserung

5.1 Zugang zu Wissensdatenbanken/Wissenschaftszentren

Die nächste Wissensdatenbank ist nur mehr so weit wie der nächste Telefonanschluß. Stellvertretend soll hier nur der Dienst des Gesundheitsministeriums in Deutschland, DIMDI mit dem Sitz in Köln erwähnt werden.

Für häufigen Zugriff gibt es CD-ROM, die meist in monatlichen Abständen aktualisiert werden und die neueste Literatur enthalten. Ebenso ist über den Telefonanschluß eine Verbindung mit anderen Wissenschaftszentren bzw. Millionen anderen Teilnehmern etwa im INTERNET weltweit gegeben.

5.2 Expertensysteme, AI

Die Einbindung von Arzneimittelinformationssystemen (CODEX) gehört heute schon in jeder Arztpraxis-EDV zum Standard.

Expertensysteme etwa auf dem Gebiet der EKG-Auswertung können bereits jetzt mit dem Wissen eines qualifizierten Kardiologen konkurrieren. Die Angebote auf allen Gebieten der Medizin wachsen ständig.

5.3 Medizinisch-ökonomische Kenndaten

Seit Jahren wird von der Einführung einer leistungsbezogenen Abrechnung im Krankenhausbereich gesprochen. Da bis heute keine Kostenträgerrechnung geführt wird, ist es in den a.ö. Krankenanstalten praktisch unmöglich eine fallkostenbezogene Berechnung durchzuführen. Dieser Bereich ist derzeit völlig unterentwickelt.

5.4 Qualitätssicherung

Neben den Richtlinien der ISO Norm 9000 ergibt sich die ethische Verpflichtung sowohl auf dem Gebiet der Krankenpflege, auf dem Gebiet der Hygiene im Krankenhaus, bei Laborproben, Röntgenbildern, im OP-Saal als auch auf der medizinischen Ablauforganisation entsprechende Qualitätssicherungsprogramme einzubauen.

5.5 Ärztliche Aus-, Fort- und Weiterbildung

Im Bereich der ärztlichen Aus-, Fort- und Weiterbildung bzw. auf dem Organisationssektor existieren auf dem Markt bereits eine Fülle von Simulations- und Unterrichtsprogrammen (Evidenz von Zeugnissen, Unterrichtsprogramm, An- und Abwesenheitslisten etc.). Interaktive Lernverfahren, wie sie im Spielebereich bereits verfügbar sind, sind in Entwicklung.

5.6 Krankenpflege, Krankenpflegeschulen

So wie die Dokumentation der medizinischen Krankengeschichte selbstverständlich wird, trifft dies auch auf die Pflegedokumentation zu, da diese durch das Bundes-KAG als Teil der Krankengeschichte zu führen ist.

Selbstverständlich profitiert auch die Krankenpflegeschule auf dem Gebiet der Organisation und im Unterricht vom EDV-Einsatz.

Sicherung der Datenqualität als Voraussetzung für eine leistungsorientierte Krankenanstaltenfinanzierung

K.P. Pfeiffer[*], G. Embacher[**], B. Pesec[*], E. Kvas[*]
[*] Ludwig Boltzmann-Institut f. Epidemiologie und Gesundheitssystemforschung, Graz
[**] Bundesministerium f. Gesundheit, Sport und Konsumentenschutz, KRAZAF, Wien

KURZFASSUNG:

Zur Sicherung der Qualität der Daten, welche die Grundlage für die geplante leistungsbezogene Krankenanstaltenfinanzierung darstellen, wurden verschiedene Strategien zur Plausibilitätsprüfung entwickelt. Diese basieren auf der empirisch ermittelten bedingten Wahrscheinlichkeit von Merkmalkombinationen. Am Beispiel einiger medizinischer Einzelleistungen wird der Wert von Dokumentationsprofilen demonstriert. Basierend auf den Analysen dieser Daten im Hinblick auf die Datenqualität werden einige Ursachen für eine mangelhafte Datenqualität diskutiert und abschließend werden einige Empfehlungen zur Verbesserung der Datenqualität gemacht.

1. Einleitung

Seit 1989 wird in allen vom KRAZAF bezuschußten österreichischen Krankenanstalten von allen stationären Patienten ein Minimum Basic Data Set (MBDS) erfaßt. Dieser Datensatz umfaßt neben organisatorischen Daten (Aufnahme- und Entlassungsart, Aufnahme- und Entlassungsdatum für die einzelnen Abteilungen, Verweildauer, Sozialversicherungsnummer) noch das Geschlecht, Alter, die Haupt- und bis zu 9 Zusatzdiagnosen und bis zu 9 ausgewählte medizinische Einzelleistungen sowie deren jeweilige Anzahl. Diese Daten stellen die Grundlage für die geplante leistungsorientierte Krankenanstaltenfinanzierung dar. Für diese Form der Finanzierung wurden sogenannte leistungsbezogene Diagnosefallgruppen (LDF's) entwickelt. Dies sind Gruppen von Patienten, die in wesentlichen Merkmalen, wie Haupt- und Zusatzdiagnosen, medizinische Einzelleistungen, Alter usw. übereinstimmen und somit ähnliche Kosten verursachen.

Eine wesentliche Voraussetzung für die Entwicklung der LDF's einerseits und für eine adäquate Finanzierung andererseits ist eine korrekte Dokumentation. Da in Österreich der Wert einer strukturierten Dokumentation bisher wenig beachtet wurde, war es nicht überraschend, daß in einigen Krankenanstalten die Qualität der Daten sehr mangelhaft war. Vielfach wird Dokumentation nur als „lästige Zusatzbeschäftigung" gesehen. Dies beruht auch darauf, daß es in Österreich keine Tradition für eine medizinische Dokumentation gibt, während z.B. Deutschland mehrere Formen einer akademischen Ausbildung zum „Medizinischen Dokumentar" seit vielen Jahren bestehen. In der täglichen Dokumentationspraxis spielt die Verschlüsselungsqualität eine wesentliche Rolle. Um die Fehlerhäufigkeiten, -arten und -ursachen zu erkennen, wurden z.B. in Deutschland nach der Einführung der Diagnosenstatistik 1986 Untersuchungen bezüglich des Kodierverhaltens durchgeführt. Wesentlich dabei ist, daß bei der Dokumentation gewisse Standards eingehalten werden (Graubner, 1990). Es wurde daher in Österreich seit Einführung dieser Dokumentation der Versuch unternommen, durch die Herausgabe von Dokumentationshandbüchern und Schulungen in den Krankenanstalten die Datenqualität zu verbessern. Weiters wurde versucht, durch verschiedene Auswertungen das Bewußtsein über den Wert der Dokumentation als Leistungsnachweis, als Grundlage für die Planung im Gesundheitswesen und als Basis für epidemiologische Studien zu erhöhen. In Tab.1 werden einige mögliche Ursachen für eine mangelhafte Datenqualität zusammengefaßt.

- Dokumentation ist nur eine lästige Zusatztätigkeit
- Dokumentation ist eine Einbahn:
    es kommt zu keinen Rückmeldungen
    es gibt kein Interesse an Ergebnissen
- Es gibt keine Ausbildung für medizinische Dokumentare
- Diagnose- und Leistungskataloge sind nicht bekannt
- Es gibt keine ausreichenden Standards für die Dokumentation
- Man will „manipulieren" - DRG-Creeping
- Die Dokumentation erfolgt nicht vor Ort und nicht On-line
- Die Dokumentationsschlüssel sind:
    unpräzise
    nicht disjunkt
    nicht umfassend, nicht erschöpfend
- Das Dokumentationssystem ist wenig benutzerfreundlich
- Der Datensatz enthält wenige redundante Informationen, z.B.

    keine Verknüpfung von Klartext und kodierten Daten

    es können keine Plausibilitätsprüfungen durchgeführt werden

Tab.1: Ursachen für eine mangelhafte Datenqualität

Zusätzlich zur Ausbildung in Dokumentation erscheint es notwendig, automatisierte Verfahren zur Sicherung und Verbesserung der Datenqualität bei der Datenerfassung und bei der Datenübernahme einzusetzen. Die Information muß in Zukunft nicht nur schneller verfügbar sein, sie muß richtig, vollständig, erschöpfend und konsistent sein (Griesser, 1992). Das Ziel dieser Arbeit ist Entwicklung von Plausibilitätskriterien für das MBDS basierend auf empirischen Untersuchungen der Daten von ca. 1,9 Mio. stationären Patienten in österreichischen Krankenanstalten im Jahr 1991.

2. Datenbasis

Für die Entwicklung von empirischen Plausibilitätskriterien standen die Daten des MBDS von ca. 1,9 Mio. Patienten aus 286 österreichischen Krankenanstalten zur Verfügung. Die Haupt- und Zusatzdiagnosen wurden mit Hilfe des ICD-9-KRAZAF vierstellig kodiert. Für die Dokumentation der medizinischen Einzelleistungen stand ein eigener österreichischer Einzelleistungskatalog mit ca. 600 Leistungen zur Verfügung.

3. Plausibilitätsprüfungen

3.1 Definition der Plausibilität

Die Grundidee einer jeden Plausibilitätsprüfung ist, die in den Daten vorhandene Redundanz zur Überprüfung von Übereinstimmungen bzw. Nichtübereinstimmungen auszunützen. Da es sich bei den zu überprüfenden Datensätzen wie der Name schon sagt um ein Minimum Basic Data Set handelt, ist das Ausmaß der darin enthaltenen redundanten Information sehr gering. Bedenkt man die Vielfalt an Krankheitsbildern ausgedrückt durch die Kombination von Haupt- und Zusatzdiagnosen, medizinischen Einzelleistungen, Altersgruppen usw., dann ergeben sich nur sehr wenige Standardkombinationen von Merkmalen, die man für eine Plausibilitätsprüfung vorgeben kann. Diese Standardkombinationen sind im wesentlichen:

- bestimmte Diagnosen und Leistungen können nur bei Männern oder Frauen auftreten

- bestimmte Diagnosen können nur bei bestimmten Altersgruppen auftreten

- bestimmte Diagnosen sind mit der Entlassungsart „Tod" verknüpft.

Ergänzend zu diesen eindeutigen binären Plausibilitätskriterien wird eine Plausibilitätsprüfung basierend auf bedingten Wahrscheinlichkeiten vorgeschlagen. Eine Kombination von zwei oder mehreren Merkmalen M_1, M_2, ..., M_k und M_i wird als „plausibel" angesehen, wenn:

$$P(M_i/M_1...M_k) > p_{crit}$$

Die Entscheidung, ob eine Merkmalskombination als „plausibel" angesehen wird, hängt somit vom kritischen Wert p_{crit} ab. Da dieser Wert bei sehr vielen möglichen Merkmalsausprägungen sehr klein werden kann, wird für eine praktische Anwendung die Berechnung der kumulativen Häufigkeiten $F(M_i/M_1...M_k)$ der absteigend sortierten bedingten Wahrscheinlichkeiten verwendet. Für die Bewertung werden Plausibilitätsklassen vorgeschlagen (Tab.2):

Klasse	kritischer Wert F_{crit}
1	$p \leq 0.5$
2	$0.50 < p \leq 0.75$
3	$0.75 < p \leq 0.85$
4	$0.85 < p \leq 0.95$
5	$0.95 < p \leq 1.00$

Tab.2: Plausibilitätsklassen

Dies bedeutet, daß die unter der Merkmalskombination $M_1,...,M_k$ am häufigsten vorkommenden Merkmale M_i bis zu einer kumulativen Häufigkeit von 0.5 in die Plausibilitätsklasse 1, also in die Klasse hoher Plausibilität eingestuft werden usw.

Die Klasseneinteilung kann selbstverständlich frei gewählt werden. Die hier vorgeschlagene Klasseneinteilung hat sich bei vielen praktischen Anwendungen gut bewährt.

3.2 Ermittlung von empirischen Plausibilitätskriterien im MBDS

Im MBDS ist kaum eine redundante Information enthalten. Aufbauend auf dem Prinzip

„Zu jeder medizinischen Einzelleistung muß es eine entsprechende Diagnose geben"

können jedoch Wahrscheinlichkeiten von Merkmalskombinationen ermittelt werden, die eine statistische Plausibilitätsprüfung ermöglichen.

Um eine empirische Plausibilitätsprüfung durchzuführen, werden z.B. für medizinische Einzelleistungen M_j oder Leistungsgruppen $\{M_1,M_2,...,M_k)$ die bedingten Wahrscheinlichkeiten für die Haupt- und/oder Zusatzdiagnosen M_i, i=1,2,... aus der Datenbasis berechnet. Davon ausgehend werden die Diagnosen der einzelnen Plausibilitätsklassen ermittelt.

Die gleiche Vorgangsweise kann für die Ermittlung von Plausibilitätsklassen von Altersklassen, Verweildauerklassen, Aufnahme- und Entlassungsarten für verschiedene medizinische Einzelleistungen, Leistungsgruppen, Diagnosen und Diagnosengruppen gewählt werden.

Die empirische Ermittlung der Plausibilitätsklassen setzt voraus, daß die Datenbasis bereits korrekt, d.h. auch medizinisch plausibel ist. Daher ist die empirische Ermittlung nur der erste Schritt. In einem zweiten Schritt können medizinische Aspekte integriert werden.

3.3 Anwendung der empirischen Plausibilitätsprüfung auf das MBDS

Aufgrund der empirisch ermittelten Plausibilitätsklassen kann nun jeder einzelne Patient im Hinblick auf die Datenqualität bewertet werden. Grundsätzlich ist es möglich, derartige Plausibilitätsprüfungen bereits in die Datenerfassung einer Krankenanstalt zu integrieren und damit automatisch für jeden Patienten eine Plausibilitätsklasse anzugeben.

Diese Plausibilitätsklassen können aber auch verwendet werden, um das Dokumentationsverhalten einer Krankenanstalt, einzelner Abteilungen oder bei Gruppen von Patienten mit bestimmten Diagnosen und/oder Leistungen zu untersuchen. Das Ergebnis ist ein Dokumentationsprofil (Tab.3).

12

	Klasse 1	Klasse 2	Klasse 3	Klasse 4	Klasse 5
rel. Häufigk. Referenz-daten	(H1 - w1)/H0	(H2 - w2)/H0	(H3 - w3)/H0	(H4 - w4)/H0	(H5 -w 5)/H0
rel. Häufigkeit Patientengr.	w1/w0	w2/w0	w3/w0	w4/w0	w5/w0

Tab.3: Dokumentationsprofil

H_i, absolute Häufigkeit der Patienten in der Plausibilitätsklasse i in der Referenzdatenbasis;

w_i, absolute Häufigkeit der Patienten in der Plausibilitätsklasse i in einer bestimmten Gruppe von Patienten, Abteilung oder Krankenanstalt;

$$H0 = \sum_{i=1}^{5} H_i - w_i$$

$$w0 = \sum_{i=1}^{5} w_i$$

Die Korrektur der Referenzdaten um die jeweils zu untersuchende Patientengruppe ist notwendig, da z.B. eine große Krankenanstalt, die auch zur Ermittlung der Plausibilitäts-klassen herangezogen wurde, das Ergebnis wesentlich beeinflussen kann.

Mittels eines Chi-Quadrat-Tests (Hartung, 1985) kann untersucht werden, ob das Dokumentationsprofil der zu untersuchenden Gruppe statistisch signifikant von der Referenzdatenbasis abweicht. Damit hat man einen sehr spezifischen Indikator für das Dokumentationsverhalten. Am Beispiel einer medizinischen Einzelleistungen (MEL) wird für mehrere Krankenanstalten ein Dokumentationsprofil erstellt und das Dokumentations-verhalten statistisch bewertet.

Für die folgende beispielhafte Darstellung wurde die MEL 2701: Operation an der Schilddrüse (Resektion, Lobektomie), Thyreoidektomie gewählt, weil für diese Leistung ein relativ enges Diagnosenspektrum erwartet wird.

Abb.1 zeigt die Häufigkeitsverteilung der häufigsten Diagnosen für diese MEL in Österreich in den Daten aus 1991, wobei hier die vierstellige Kodierung verwendet wurde.

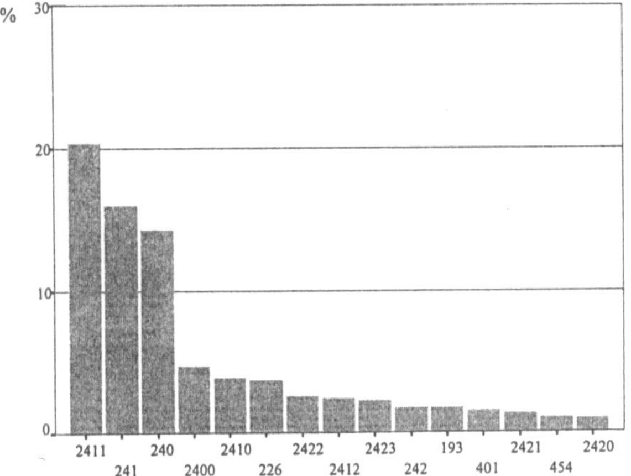

Abb.1: Häufigkeit der Diagnose für MEL 2701

Die häufigsten Diagnosen sind die 3stelligen ICD-9-Diagnosen 240, 241 und 242 und deren 4stellige Untergruppen. Diese Diagnosen passen sehr gut zur angegebenen MEL. Weiters findet man häufig die Diagnosen 226 und 193: benigne bzw. maligne Neoplasien der Schilddrüse. Auch dies ist im Zusammenhang mit der MEL 2701 plausibel. In der Plausibilitätsklasse 2 findet man weiters folgende Diagnosen:

401: Essentielle Hypertonie

454: Varizen der unteren Extremitäten

250: Diabetes mellitus

427: Herz-Rhythmus-Störungen.

Hier ist es notwendig in einem weiteren Schritt zwischen Haupt- und Zusatzdiagnosen zu unterscheiden.

Die folgenden Abbildungen (Abb.2, 3, 4) zeigen das Plausibilitätsprofil für die Diagnosen, die Altersklassen und die Verweildauerklassen in 3 österreichischen Krankenanstalten (KA1, KA2, KA3) für die MEL 2701. Auffallend ist hier immer wieder die KA3 mit einem signifikant unterschiedlichen Diagnosenprofil (Chi**2=33.08), mit einem nur geringfügig abweichenden Altersklassenprofil (Chi**2=7.20) und einem stark abweichenden Verweildauerklassenprofil (Chi**2=19.98). Die KA2 unterscheidet sich bei den Diagnosen hauptsächlich in der Plausibilitätsklasse 5, wo ein Anteil von 12.2% gegenüber einem erwarteten Anteil von 5% festgestellt wurde. Alters- und Verweildauerverteilung entsprechen in dieser Anstalt den erwarteten Häufigkeiten. Die KA1 entspricht in allen drei Merkmalen annähernd den Erwartungswerten.

14

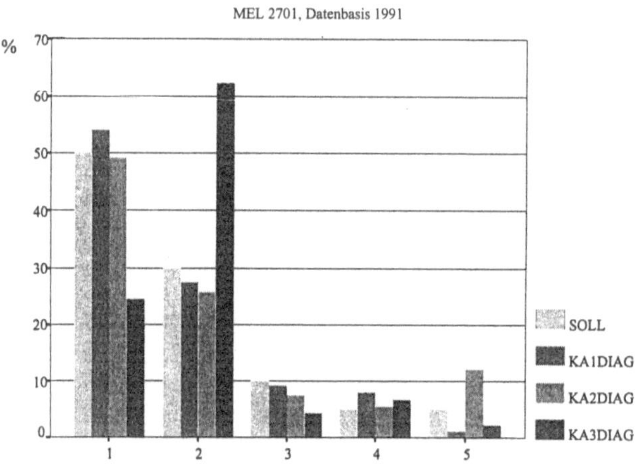

Abb.2: Häufigkeit der Plausibilitätsklassen für die Diagnosen für 3 KA's

Substantielle Abweichungen von den Erwartungswerten in den einzelnen Plausibilitätsklassen müssen nicht unbedingt ein Indikator für eine schlechte Datenqualität sein, sondern sie können auch einen Indikator für ein anderes Patientkollektiv in einer Krankenanstalt darstellen.

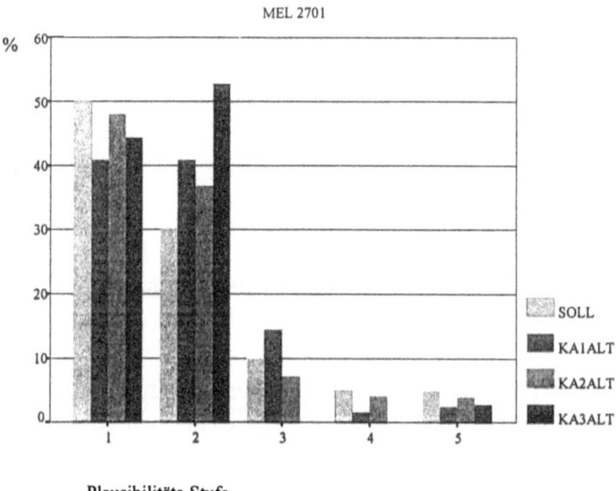

Abb.3: Häufigkeit der Plausibilitätsklassen für die Arbeitsgruppen in 3 KA's

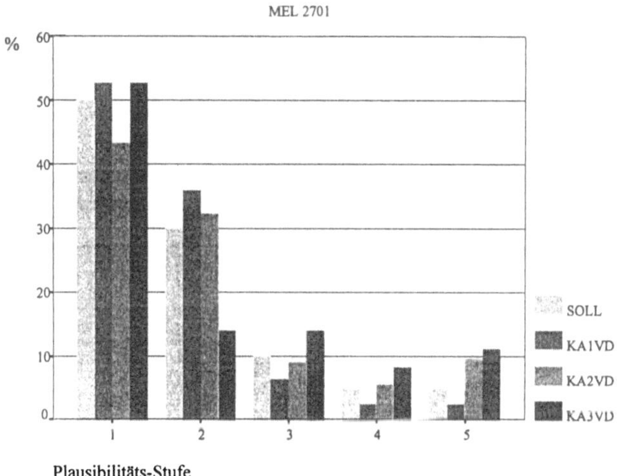

Abb.4: Häufigkeit der Plausibilitätsklassen für die Verweildauer in 3 KA's

4. Diskussion

Das Minimum Basic Data Set enthält einige wenige Informationen, die eine empirische Plausibilitätsprüfung und somit eine Überprüfung der Datenqualität ermöglichen. Durch den minimalen Dokumentationsumfang gibt es nur bei wenigen Merkmalskombinationen redundante Information. Daher wurde ein auf empirisch ermittelten bedingten Wahrscheinlichkeiten basierender Ansatz gewählt. Dieser ermöglicht eine retrospektive Bewertung der Datenqualität. Prinzipiell ist es auch möglich, dieses Konzept in die Datenerfassung einer Krankenanstalt zu integrieren und so eine On-line-Plausibilitätsprüfung für jeden Patienten durchzuführen.

Durch die Bewertung der Dokumentationsqualität mittels Plausibilitätsprofilen können Schwachstellen in der Dokumentation aufgezeigt und Maßnahmen zur Verbesserung der Datenqualität eingeleitet werden.

Um die Datenqualität durch Plausibilitätsprüfung zu verbessern, wäre es grundsätzlich empfehlenswert, von der „Minimaldokumentation" abzugehen und mehr, wenn auch teilweise redundante Informationen zu erfassen. Eine weitere Möglichkeit zur Verbesserung der Richtigkeit der Kodierung stellen automatische oder halbautomatische Klartextverschlüsselungsprogramme dar (Ehlers, 1990). In Tab.4 sind einige Empfehlungen für die Dokumentation bzw. für die Konzeption eines Dokumentationssystems zusammengefaßt. Bei Rückmeldungen über die Datenqualität sollten möglichst einfache Darstellungen, wie z.B. die Plausibilitätsprofile, gewählt werden.

- Jedes Dokumentationssystem soll auf eine spätere Verwendung der Daten ausgerichtet sein

- Man soll von einer Minimaldokumentation abgehen - der Datensatz sollte auch redundante Informationen beinhalten, um die Plausibilität zu prüfen

- Die Daten sollten möglichst On-line erfaßt werden

- Schon bei der Datenerfassung sollen automatisch Plausibilitätsprüfungen durchgeführt werden

- Es sollen systematisch Untersuchungen über die Qualität der Dokumentation durchgeführt werden

- Es sollen laufend Rückmeldungen über die Informationen in den Daten erstellt werden; die Vergleiche sollten innerhalb eines Fachbereiches erfolgen

- Mittels Fallbeispielen soll die Reproduzierbarkeit der Dokumentation geprüft werden

- Um die Richtigkeit der Kodierung zu verbessern sollen halbautomatische Klartextverschlüsselungsprogramme eingesetzt werden

- Zusätzliche Informationen sollten erhoben werden:

  Schweregrad
  Therapieerfolg, Gesundheitszustand

Tab.4: Empfehlungen für die Dokumentation

Literaturverzeichnis

Ehlers, C. T. (1990). Erfahrungen mit der Diagnosenstatistik am Universitätsklinikum Göttingen. In: Büchner, E., et al. (1990): Diagnosenstatistik und Qualitätssicherung im Krankenhaus. Schriftenreihe Gesundheitsökonomie 2, Blackwell, Berlin

Graubner, B., Klar, R. (1990). Standardisierung medizinischer Klassifikationen in Europa und Deutschland. In: Guggenmoos-Holzmann, I. (1990): Quantitative Methoden in der Epidemiologie, Springer Verlag, Berlin

Griesser, G. (1992). Requirements of a Distributed Hospital Information System. ITK Information Technology, Kiel

Hartung, J. (1985). Statistik. Oldenburg Verlag, Wien

Danksagung:

Diese Arbeit wurde vom Bundesministerium für Gesundheit, Sport und Konsumentenschutz unterstützt. Wir danken Herrn Prof. Dr. D. Klingler (AKH Linz), Dr. L. Neuner (AKH Linz), Dipl.-Ing. M. Pregartbauer (BMGSK) und Mag. R. Schneider (BMGSK) für viele wertvolle Anregungen und Diskussionen.

Standards in der medizinischen Informatik

G. Gell
Institut für medizinische Informatik, Statistik und Dokumentation
Universität Graz, Österreich

KURZFASSUNG

Standards gewinnen in der medizinischen Informatik zunehmend an Bedeutung. Die Arbeit beschreibt die für die medizinische Informatik wichtigen Standardisierungsorganisationen sowie existierende Standards und laufende Arbeiten.

1. Einleitung

In der medizinischen Informatik besteht eine steigende Tendenz zur Schaffung von Standards und Empfehlungen für verschiedene Bereiche wie Datenübertragung - Schnittstellen, Datenformate und Dateninhalte (Medical Record, Minimum Patient Data Set), für Datenträger (Patient Smart Card), offene Systeme, Mensch-Maschine-Schnittstellen etc., aber auch Empfehlungen zu Datenschutz und Datensicherheit.

Die Kenntnis dieser Standards, aber auch der Entwicklungstendenzen ist von großer Bedeutung für

> Wissenschaftler, die im Bereich der medizinischen Informatik arbeiten oder Anwendungen in diesem Bereich planen

> Planer von medizinischen Einrichtungen (Univ.-Kliniken, BMWF, Krankenhaus-management)

> Firmen, die in diesem Bereich tätig sind

Unkenntnis der vorhandenen und geplanten Standards kann auf allen Ebenen zu kostspieligen Fehlentscheidungen führen.

Der Begriff „Standard" ist nicht eindeutig. Neben offiziellen, für einen bestimmten Bereich verbindlichen Standards (die z.B. von ISO, CEN auf internationaler Ebene und etwa von ANSI, DIN, ÖNorm [österr. Normungsinstitut] auf nationaler Ebene vorgegeben werden), gibt es de facto Standards, die z.B. von einer marktbeherrschenden Firma durchgesetzt werden (etwa IBMs PC-Architektur), freiwillige Standards, die auf bi- oder multilateralen Abkommen oder auf Vorschlägen von inoffiziellen Organisationen und Gruppen beruhen etc.

Im Bereich der medizinischen Informatik gibt es noch wenig gültige spezifizierte Standards. Seit relativ kurzer Zeit wird aber das Fehlen von Standards als ein gravierendes Problem erkannt, das gelöst werden muß, um die Entwicklung offener, arbeitsteiliger Informationssysteme in der Medizin zu ermöglichen. Dementsprechend sind derzeit sehr viele Standardisierungsaktivitäten im Gange. Einen Schwerpunkt bildet dabei die Arbeit von CEN/TC 251 und von ASTM.

2. Standardorganisationen

2.1 Offizielle internationale Standardorganisationen

Die wichtigsten internationalen Standardorganisationen sind die **ISO** (International Standards Organization), die **IEC** (International Electrotechnical Commission) und **CCITT** (Comité Consultatif International Télégraphique et Téléphonique). Die Mitgliedschaft in ISO und IEC ist beschränkt auf nationale Standardorganisationen (DIN, ÖNorm etc.). CCITT besteht aus Vertretern der nationalen Telekommunikationsbehörden (Post).

ISO standardisiert seit 1946 (fast) alles - angefangen bei Schrauben und Nägeln. Zur Zeit arbeiten ca. 100.000 Personen bei ISO mit. Ein ISO-Standard ist ein Konsensentscheid unter einer Vielzahl von Vorschlägen. Die ISO-Standards aller Gremien werden durchgehend numeriert, daher sind die entstehenden Nummern kaum in Erinnerung zu behalten - heute ist man bei Nummernbereichen von 10.500 angelangt, wobei es aber unter einer Nummer noch Verfeinerungen gibt.

2.2 Europäische Standardorganisationen

Auf europäischem Niveau gibt es drei Standardorganisationen, die im großen und ganzen ISO, IEC und CCITT entsprechen. Diese sind die **CEN** (Comité Européen de Normalisation), **CENELEC** (Comité Européen de Normalisation Electrotechnique) und ETSI (European Telecommunications Standards Institute).

Die Arbeit von CEN ist auf eine Reihe von technischen Komitees (TC) aufgeteilt, die einem Technical Board (TB) unterstehen. Für den Bereich medizinische Informatik ist das technische Komitee 251 (TC 251) zuständig. CEN erzeugt zwei Arten von Standards, den europäischen Standard (**EN** European Norm) und europäische Pre-Standards (**ENV** European Norm Vorausgabe). Zusätzlich gibt es vorgeschlagene (proposed) ENs und ENVs (prEN/prENV). Diese Standards sind oft ähnlich numeriert wie die internationalen Standards. Das OSI Reference Model (ISO 7498) ist z. B. der europäische Standard EN 27 498.

Europäische Standards sind in allen EG-Ländern verpflichtend und haben den Vorrang vor nationalen Standards.

2.3 Andere Standardorganisationen

ANSI HISPP (American National Standards Institute - Healthcare Information Standards Planning Panel) wurde gegründet, um die Standardisierungsaktivitäten im Bereich Medizininformatik innerhalb der USA (die wichtigsten Organisationen werden im folgenden beschrieben) und zwischen den USA und Europa zu koordinieren bzw. zu harmonisieren.

Neben den in 2.1 und 2.2 beschriebenen offiziellen Standardorganisationen gibt es eine Reihe von Organisationen, die „inoffizielle" Standardvorschläge erarbeiten. Für den Bereich der medizinischen Informatik sind insbesondere folgende Organisationen von Interesse:

EWOS (European Workshop for Open Systems) wurde im Dezember 1987 durch europäische IT-Anbieter und Benützerorganisationen mit der Unterstützung der europäischen Standardinstitutionen gegründet. Das Hauptziel von EWOS ist es, ein offenes Forum zu bieten, in dem weltweit harmonisierte Profile und Testspezifikationen für offene Systeme entwickelt werden.

IEEE (IEEE Institute of Electrical and Electronic Engineers) ist eine unabhängige Gesellschaft, die Standards im technischen Bereich entwickelt und publiziert.

IEEE P1157 (MEDIX). Das MEDIX (Medical Data Interchange) Komitee der IEEE soll eine Architektur, ein objektorientiertes Datenmodell und OSI Application Layer Services und Protokolle definieren, um sowohl interaktive als auch Store and Forward Transaktionen für den medizinischen Datenaustausch zu unterstützen.

IEEE P1073 (MIB). Das MIB (Medical Information Bus) Komitee der IEEE entwickelt einen OSI-kompatiblen Standard für die Kommunikation zwischen medizinischen Geräten am Krankenbett (physiologische Überwachungsgeräte, Beatmungsgeräte, Infusionspumpen etc.) mit Krankenhausinformationssystemen auf zentralen Rechnern.

ASTM (American Society for Testing and Materials), eine der größten Standardisierungsorganisationen der Welt, hat bisher etwa 9000 Standards publiziert. Das ASTM Komitee E-31 wurde 1970 als „Committee on Computerized Laboratory System" gegründet. Später wurde der Arbeitsbereich auf „Computerized Systems" erweitert. Die Subkomitees E31.10 bis E31.19 befassen sich mit Medizin.

ACR-NEMA Die amerikanische Röntgengesellschaft ACR (American College of Radiology) und NEMA (National Electrical Manufacturers Association) haben einen Standard für die Übertragung medizinischer Bilder und dazugehöriger Informationen zwischen Geräten verschiedener Hersteller entwickelt.

Health Level Seven (**HL7**) ist eine Gruppe von Herstellern und Benutzern, die einen Vorschlag für den Austausch von Daten zwischen verschiedenen EDV-Systemen im Gesundheitsbereich gemacht haben. Schwerpunkte liegen in der Patientenverwaltung (Aufnahme, Entlassung, Transfer), Anforderung und Resultaten von Hilfsdiensten (Laboratorien, Apotheke, Radiologie, Pathologie) und für Abrechnungssysteme. Der HL7 Standard ist mit ASTM 1238 abgestimmt.

Zwischen den oben beschriebenen Standardorganisationen existieren eine Reihe von Verbindungen und Abstimmungsmechanismen, sodaß auf eine einigermaßen koordinierte Entwicklung zu hoffen ist. (Abb.1) In vielen Fällen sitzen dieselben Experten in den verschiedenen Gremien.

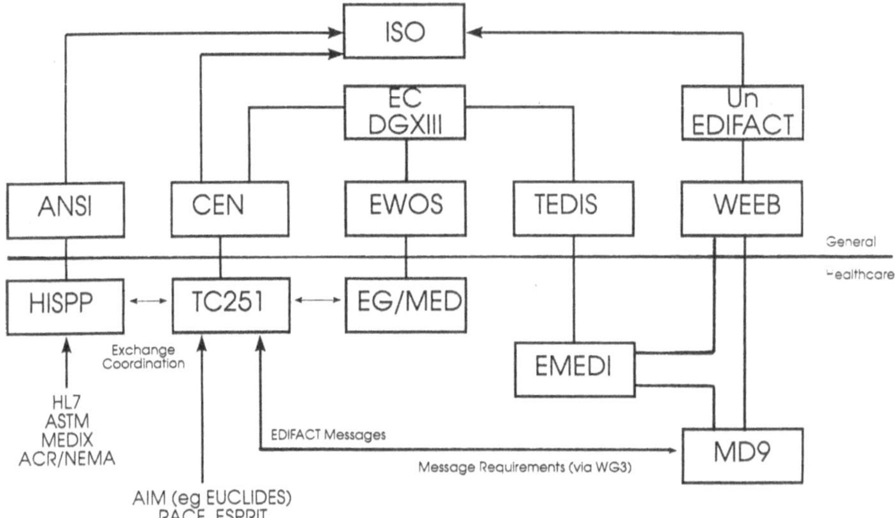

Abb.1: Beziehungen zwischen Standardorganisationen, die sich mit dem Transfer von (medizinischen) Dokumenten befassen.

3. CEN/TC 251

Innerhalb Europas ist CEN/TC 251 für Standardisierung im Bereich medizinische Informatik zuständig. Innerhalb von CEN/TC 251 wurden 7 Working Groups gebildet:

WG 1:   Healthcare Information Modelling in Medical Records

WG 2:   Healthcare Terminology, Semantics and Knowledge Bases

WG 3:   Healthcare Communications and Messages

WG 4:   Medical Imaging and Multimedia

WG 5:   Medical Devices

WG 6:   Healthcare Security and Privacy, Quality and Safety

WG 7:   Intermittently Connected Devices

Die eigentliche konkrete Arbeit findet auf der Ebene der Working Groups statt, die ihrerseits gewisse Budgetmittel haben, um technische Experten zu bezahlen, die dann weitgehend die eigentlichen Vorschläge ausarbeiten. Diese Experten arbeiten mit Mitgliedern der Working Group in sogenannten Project Teams (PTs). Bisher wurden die in Abb.2 zusammengestellten "standing documents" erarbeitet.

```
SD  0      LIST OF STANDING DOCUMENTS

SD  1      CEN/TC 251 PROGRAMME OF WORK
               DIRECTORY VERSIONS
               MANAGEMENT PLAN
               WORK ITEM DESCRIPTION

SD  2      CEN NATIONAL STANDARDISATION INSTITUTES
           AFFILIATES OF CEN

SD  3      CEN/TC 251
               NATIONAL DELEGATES AND OBSERVERS

SD  4      CEN/TC 251 MEETINGS
               AGENDAS AND MINUTES

SD  5      CEN/TC 251 RESOLUTIONS

SD  6      CEN/TC 251 LIST OF DOCUMENTS

SD  7      CEN/TC 251 GLOSSARY
               SD 7A. ACRONYMS
               SD 7B. GENERAL TERMS

SD  8      CEN/TC 251 WORKING GROUPS,
               CONVENORS AND SECRETARIATS

SD  9      CEN/TC 251 WORKING GROUPS MEETINGS
               AGENDAS AND MINUTES

SD 10      CEN/TC 251 WORKING GROUPS
               LIST OF DOCUMENTS

SD 11      CEN/TC 251 WORKING GROUPS
               LIST OF EXPERT MEMBERS

SD 12      CEN/TC 251 PROJECT TEAMS
               TERMS OF REFERENCE, CONSTITUTION, WORK PLANNING

SD 13      GUIDELINES FOR WORKING GROUPS AND PROJECT TEAMS

SD 14      CEN/TC 251 INTER RELATION DIAGRAMS

SD 15      CEN/TC 251 PROGRESS SHEETS
```

Abb.2: Liste der „standing documents" von TC 251

4. Health Level Seven

Der derzeit am weitesten entwickelte Standard für den elektronischen Austausch textbezogener medizinischer Daten ist Health Level Seven (HL7). HL7 ist ein „privater" Standard in dem Sinn, daß er nicht von einem akkreditierten Komitee, sondern durch ein unabhängiges Konsortium von Herstellern und Anwendern entwickelt wurde. Die Arbeitsgruppe ist offen für alle interessierten Personen, Firmen und Organisationen. HL7 ist Mitglied von ANSI HISPP. Der Standard kann direkt bei HL7 bezogen werden.

Bisher wurden folgende Standards veröffentlicht:

-   Application Protocol for Electronic Exchange in Health Care Environments (Vers. 2.1, 1990)

-   HL7's Implementation Support Guide HL7 wird als „poor man's protocol" bezeichnet. Alle Daten werden als ASCII strings codiert und können über beliebige Netze geschickt werden. Abb. 3 gibt ein Beispiel

```
MSH|^~\|REGADT|MCM|LABADT|MCM|198808181126|SECURITY|ADT|
    MSG00001|P|2.1|<cr>
EVN|01|198808181123||<cr>
PID|||PATID1234^5^M11||JONES^WILLIAM^A^III||19610615|M||C|
    1200 N ELM STREET^GREENSBORO^NC^27401-1020|GL|(919)379-1212|
    (919)271-3434||S||PATID12345001^2^M10|123456789|
    987654^NC|<cr>
NK1|JONES^BARBARA^K|WIFE|<cr>
PV1|1|I|2000^2012^01|||004777^LEBAUER^SIDNEY^J.|||SUR||||ADM|
    A0|<cr>
```

Abb.3: „Admit a patient" in kodierter Darstellung.

5. ACR-NEMA / DICOM

Mit der Einführung der Computertomographie (CT) sowie weiterer bildgebender und bildverarbeitender Modalitäten auf digitaler Basis entstand der Bedarf nach einem einheitlichen Format für den elektronischen Austausch radiologischer Bilder. Das American College of Radiology (ACR) und die National Electrical Manufacturer Association (NEMA) bildeten Anfang der 80er Jahre ein gemeinsames Komitee (ACR-NEMA) zur Entwicklung einer Standardspezifikation.

Bisher veröffentlichte Standards:

> Digital Imaging and Communications, ACR-NEMA 300-1988

> Standard for Magnetic Tape, PS 1-1991

> Data Compression Standard, PS 2-1989

Da zum Zeitpunkt der ersten Veröffentlichung das ISO/OSI-Referenzmodell in den oberen Schichten unvollständig war, entspricht ACR-NEMA nicht den heutigen Anforderungen der Offenheit. Die harmonisierte Version 3.1 trägt den Namen „Digital Image and Communication in Medicine" (DICOM).

Die Gliederung der Kapitel hat folgende Form:

Part 1:	Introduction and Overview
Part 2:	Conformance
Part 3:	Information Object Definitions
Part 4:	Service Class Specifications
Part 5:	Data Structure and Semantics
Part 6:	Data Dictionary
Part 7:	Message Interchange
Part 8:	Network Communication Support for Message Exchange
Part 9:	Point-to-Point Communication Support for Message Exchange

DICOM wurde Ende 1993 von ACR/NEMA beschlossen. WG4 von TC 251 hat beschlossen, den europäischen Standard auf DICOM aufzubauen. Die definierte Version ist in Druck. Bestellinformation siehe Anhang.

Der endgültige Text von DICOM ist über Internet erhältlich. Anonymous FTP at „ftp.xray.hmc.psu.edu " (IP address 150.231.1.230). Login ist „anonymous" und Paßwort ist Ihre Internet E-mail Adresse. Directory von „root" zu „dicom_docs" ändern und README lesen.

DICOM Shareware ist erhältlich von FTP: „ftp.xray.hmc.psu.edu", „rsna.org", „wuerlim.wustl.edu" und von FTP „ftp.uni-oldenburg.d". Der Universal Resource Locator (URL) ist: „http://www.xray.hmc.psu.edu/".

6. Verschiedene Standards

6.1 IEEE, Medix, MIB

6.1.1 IEEE P1157 Medix

Das IEEE Standard Projekt P1157 Medix wurde 1987 begonnen, um Standards für den Austausch von Gesundheitsdaten zu entwickeln. Medix hat acht aktive regionale Arbeitsgruppen in Europa und Nordamerika.

Die derzeit geplanten Standards der Medix-Familie umfassen folgende Bereiche

- P 1157 Standard of Healthcare Data Interchange - Overview and Framework
- P 1157.1 Standard of Healthcare Data Interchange - Information Model Methods
- P 1157.1.1 Standard of Healthcare Data Interchange - Common Health Care Objects
- P 1157.1.2 Standard of Healthcare Data Interchange - Registration Admission/Discharge/Transfer
- P 1157.1.3 Standard of Healthcare Data Interchange - Laboratory
- P 1157.1.4 Radiology
- P 1157.2 Standard of Healthcare Data Interchange - Interchange Format Methods
- P 1157.2.1 Standard of Healthcare Data Interchange - EDI/EDIFACT Interchange Formats
- P 1157.2.2 Standard of Healthcare Data Interchange - ODA/ODIF/SGLM Interchange Formats
- P 1157.2.3 Standard of Healthcare Data Interchange - CMIS/CMPI Interchange Formats
- P 1157.3 Standard of Healthcare Data Interchange - Communication Profile Methods
- P 1157.4 Standard of Healthcare Data Interchange - Semantics and Knowledge Representation of the Medical Record
- P 1157.5 Standard of Healthcare Data Interchange - User Needs

Abb.4: Medix-Standards Familie

6.2 Arden Syntax

Fast jedes Laborinformationssystem enthält zumindest rudimentäre Plausibilitätskriterien. Das sind Regeln, die unmögliche oder sehr unwahrscheinliche Resultate (d.h. vermutliche Meß- oder Übertragungsfehler) kennzeichnen. Fortgeschrittene Krankenhausinformationssysteme (KIS, HIS) wie etwa das HELP-System in Salt Lake City bewerten neben der Plausibilität und Konsistenz von Informationen auch die klinische Bedeutung, ob also ein Meßergebnis einen bedrohlichen Zustand anzeigt, der sofortige ärztliche oder pflegerische Reaktion erfordert und deshalb entsprechend angezeigt werden muß (Warnsignale, alerting systems). Weitere Regeln überprüfen zum Beispiel die Übereinstimmung von Medikamentenverschreibungen mit klinischen Daten und Laborergebnissen etc. und lösen allenfalls ebenfalls Warnungen aus. Je umfangreicher ein KIS wird, desto größer sind die Möglichkeiten, Problemsituationen automatisch zu erkennen und anzuzeigen.

Die Aufstellung all dieser Regeln ist jedoch eine sehr umfangreiche Arbeit, wobei jede Institution in der Regel nur ein Spezialgebiet bearbeiten kann. Die Aufstellung der Arden Syntax entspringt dem Wunsch, eine standardisierte Sprache zu schaffen, in der solche Regeln eindeutig definiert werden können, so daß die Resultate austauschbar sind. Die Sprache soll einerseits für den etwas eingearbeiteten Arzt direkt verständlich und andererseits auch vom Computer verarbeitbar sein.

```
anctms
maintenance

title: Granulocytopenia and Trimethoprim/Sulfamethoxazole;;
filename: anctms;;
version: 2.00;;
institution: Columbia-Presbyterian Medical Center;;
author: George Hripcsak, M.D.;;

library:

purpose:
    Detect granulocytopenia possibly due to trimethoprim/
    sulfamethoxazole;;

knowledge:

type: data -driven;;

data:

/* capitalized text within curly brackets would be replaced with
an institution's own query*/

let anc_storage be event
    (STORAGE OF ABSOLUTE_NEUTROPHILE_COUNT);

let anc be read last 2 form
({ABSOLUTE_NEUTROPHILE_COUNT} where they
occurred within the past 1 week);

let pt_is_taking_tms be read exist
{TRIMETHOPRIM_SULFAMETHOXAZOLE_ORDER};

;;

evoke: anc_storage;;

logic:

if
    pt_is_taking_tms
    and the last anc is less than 1000
    and the last anc is less than the first anc
    /*is anc falling?*/
then

    conclude true;

else

    conclude false;

endif;;

action:

write"Caution: patient's relative granulocytopenia may be
exacerbated by timethoprim/sulfamethoxazole.";

end:
```

Abb.5: Beispiel eines MLM (Medical Logic Module).

Danksagung

Diese Arbeit wurde vom Bundesministerium für Wissenschaft und Forschung gefördert.

Bibliographie

Ackerman, L.V., Gitlin, J.N. (1992). ACR-NEMA digital imaging communication standard: demonstration at RSNA`92 infoRAD, Radiology 185(2); 394

Best, D.E. et. al. (1992). Review of the American College of Radiology - National Electrical Manufacturers'Assosiation standards activity, Comput. Methods. Programs. Biomed. 37(4); 305-309

Board of Directors of the American Medical Informatics Association (1994). Standards for Medical Identifiers, Codes, and Messages Needed to Create an Efficient Computer-stored Medical Record, J. Am. Med. Informatics Assoc.1. 1-7

De Moor, G.J.E. (1994). Standardisation in medical informatics in Europe, Int. J. Biomed. Comput. 35 1: 1-12

De Moor, G.J.E., McDonald, C.J., Noothoven van Goor, J. (1993). (Hrsg.) Progress in Standardization in Health Care Informatics, IOS Press

Harrington, J.J. (1992). IEEE P1157 MEDIX: A Standard for Open Systems Medical Data Interchange In: Parsons D.F., Fleischer C.M., Greenes R.A. (Eds.) Extended Clincial Consulting by Hospital Computer Networks, Vol. 670, The New York Academy of Sciences, 116-126

Hripcsak, G., Cimino, J.J., Johnson, ST.B., Clayton, P.D. (1991). The Columbia-Presbyterian Medical Center decision-support system as a model for implementing the Arden Syntax, Proc. Annu. Symp. Comput. Appl. Med. Care, 248-252

Mattheus, R. (1992). The impact of standards, Int J Biomed Comput. 30(3-4); 201-208

Mattheus, R., Noothoven van Goor, J.M. (1992). The European Community: standardization in medical informatics and imaging, Comput. Methods. Programs. Biomed. 37(4); 333-341

Prokosch, H.U., Kamm, S., Wieczorek D., Dudeck, J. (1991). Knowledge representation in pharmacology. A possible application area for the Arden Syntax? Proc. Annu. Symp. Comput. Appl. Med. Care, 243-247

Shafarman, M.J., Meeks-Johnson, J., Jones, T., McCoy, J., van Valkenburg, T. (1991). Implementing a record-oriented clinical lab interface using HL7 version 2.1 at Indiana University Hospital, Proc. Annu. Symp. Comput. Appl. Med. Care, 511-515

Todd-Pokropek, A. et al. (1992). A file format for the exchange of nuclear medicine image data: a specification of Interfile version 3.3, Nucl. Med. Commun. 13(9), 673-699

Anhang

Adressen wichtiger Normungsorganisationen:

ACR-NEMA
National Electrical Manufacturers Association
2101 L Street, N.W. Suite 300
Washington, D.C. 20037, USA
Telephone: (202) 457-8400
Chairman: STEVEN HORII, DAVID R. SNAVELY

ARDEN SYNTAX
Center for Medical Informatics
Columbia-Presbyterian Med. Ctr.
AP-1310
161 Fort Washington Avenue
New York, NY 1003, USA
Chairman: GEORGE HRIPCSAK

ASTM - E31
1916 Race Street,
Philadelphia, PA 19103-1187
USA
(Telephone: 215-299-5485, FAX: 215-299-2630)
Staff manager, Technical Committee Operations: TERRI L. MECHOLSKY
Health Care Vice Chairman: ELMER R. GABRIELI, Gabrieli Medical Info Systems, Suite
1633, Statler Towers, 107 Delaware Ave., Buffalo, NY 14202

CEN (TC 251)
Information Technology Group
Rue Brederode, 2 - Bte 5
B-1000 Brussels
Belgium
(FAX: 32 2 519 68 19)
Chairman, Project leader IT/PT001: G.J.E. DE MOOR, Department of Medical Informatics,
State University Hospital, De Pintelaan 185, B - 9000 GENT, Belgium (FAX: 32 91 40 34 39)

IEEE, MEDIX, MID
Hewlett Packard
Medical Products Group
3000 Minuteman Road
Andover, MA 01810-1085
USA
(PHONE: 508.659-3517, FAX: 508.686-1319
Primary contact: JACK HARRINGTON

Wissensbasierte Systeme in der Intensivmedizin: Was können sie, was sollten sie können?

S. Miksch
Österreichisches Forschungsinstitut für Artificial Intelligence (ÖFAI)
Österreich

KURZFASSUNG

Ausgehend von der Analyse der Notwendigkeit sowie der Vor- und Nachteile einer informationstechnischen Unterstützung werden einige Anwendungen aus dem Bereich der wissensbasierten Monitoring-, Diagnose- und Therapieplanungssysteme vorgestellt. Abschließend werden Forderungen für die effektive und erfolgreiche Planung und Implementierung eines solchen Systems aus medizinischer und technischer Sicht formuliert.

1. Die Notwendigkeit von Artificial Intelligence (AI) in Intensivstationen

Moderne Intensivstationen (ICUs) sind mit komplizierten technischen Geräten ausgestattet, die eine Fülle von On-line-Daten liefern. Diese Informationsfülle schafft auch Probleme (z.B.: Daten müssen vertrauenswürdig sein, der Verlauf der wichtigsten Parameter muß transparent sein, Daten müssen gespeichert und jederzeit rasch wieder abrufbar sein). Informationstechnologie, speziell die Methoden der Artificial Intelligence, können einige notwendigen Abläufe unterstützen und erleichtern.

Dieser Beitrag behandelt nicht "Patient Data Management Systems" (PDMS), sondern "Patient Management Systems" (PMS), die auf PDMS aufsetzen und eine Unterstützung der ÄrztInnen bei der medizinischen Behandlung von PatientInnen darstellen. PDMS beschränken sich auf die Verwaltung von PatientInnendaten.

1.1 Eingangs eine kurze Definition von AI

Artificial Intelligence is „the science of making machines do things that would require intelligence if done by man" (Marvin Minsky), „the development of a systematic theory of intellectual processes" (Donald Michie).

Während die Forschung auf dem Gebiet der Artificial Intelligence (AI) sich immer mehr ausweitet, herrscht keine Einigkeit über eine umfassende Definition der AI. AI zerfällt in verschiedene, teils miteinander verwobene Teilbereiche, wie etwa Wissensrepräsentation, maschinelles Lernen, Expertensysteme, natürlichsprachige Systeme oder Konnektionismus. Grob werden drei Hauptrichtungen unterschieden:

(1) ein *technisch/pragmatisch* orientierter Ansatz, bei dem vor allem das Ergebnis zählt, d.h. „intelligentes" Verhalten eines Computers. Daß dieses Verhalten dem menschlichen analog sein muß, wird nicht notwendigerweise gefordert;

(2) ein eher *psychologisch* orientierter Ansatz, bei dem der Simulationsaspekt menschlichen Verhaltens im Vordergrund steht. Dies ist von der Erwartung getragen, dadurch mehr über menschliche Intelligenz zu erfahren;

28

(3)   ein *„biologisch"* orientierter Ansatz, bei dem intelligente Leistungen aufgrund von Trieben und Motiven in Systemen, die mit einer sich ändernden Umwelt interagieren, entstehen können.

Worum es bei der AI eigentlich geht, ist die Implementierung von menschlichen Fähigkeiten, um den Menschen das Leben zu erleichtern und nicht die Erschaffung eines Homunculus. Trotz aller Science Fiction und Mystifizierung: AI ist ein wissenschaftlich anerkanntes, theoretisch fundiertes Forschungsgebiet, das aber durch seinen interdisziplinären Charakter und seine Aktualität stets Neugier weckt und Spannung erzeugt.

Die Zielrichtung der AI im medizinischen Bereichen ist analog. Peter Szolovitz (1982) definierte drei Hauptziele der AI in der Medizin, die weitgehend noch heute gelten:

(1)   To develop expert computer programs for clinical use, making possible the inexpensive dissemination of the best medical expertise to geographical regions where that expertise is lacking, and making consultation help available to non-specialists who are not within easy reach of expert human consultants;

(2)   To formalize medical expertise, to enable physicians to understand better what they know and to give them systematic structure for teaching their expertise to medical students;

(3)   To test AI theories in a „real world" domain and to use that domain to suggest novel problems for further AI research.

Wo sind konkrete Einsatzgebiete, bzw. warum besteht der Bedarf an AI-Anwendungen in Intensivstationen? Dies soll nur kurz (punktuell) skizziert werden.

(•)   Steigende Ausstattung der Intensivstationen mit komplizierten technischen Ausstattungen;

(•)   Steigende Anforderung an Qualitätssicherheit;

(•)   Steigender Bedarf an „intelligenter" Informationsverarbeitung - besonders in folgenden Bereichen -

Herausfiltern von fehlerhaften Daten,

Herausfiltern von kontextrelevanten Daten,

Graphische Aufbereitung kontinuierlicher Daten,

(retrospektive) Analyse der Daten;

(•)   Möglichkeit der Vorhersage über Krankheitsverläufe der PatientInnen, von einzelnen Parametern usw.;

(•)   Unterstützung in der täglichen Routinearbeit und Unterstützungsmöglichkeiten für weniger erfahrene ÄrztInnen und Pflegepersonal.

Zur Lösung komplexer Situationen in modernen Intensivstationen bietet die AI eine Fülle von Methodiken an. In diesem Beitrag wird auf die wissensbasierten Systeme für die Intensivmedizin detaillierter eingegangen. Shortliffe (1991) bezeichnet die wissensbasierte Methode als adäquate Methode für Problemlösungen in der Medizin.

In den folgenden Kapiteln wird zuerst genauer auf die einzelnen Teile des Monitoring- und Therapieplanungsprozesses eingegangen, darauffolgend wird eine Übersicht über bestehende wissensbasierte Systeme in der Intensivmedizin, speziell im Bereich der künstlichen Beatmung, präsentiert. Abschließend werden, ausgehend von den Vor- und Nachteilen bestehender Systeme, Forderungen an eine effektive Entwicklung von wissensbasierten Systemen sowohl aus medizinischer als auch aus technischer Sicht formuliert.

Diese Präsentation beruht einerseits auf Erfahrungen, die im Rahmen der Entwicklung des wissensbasierten Monitoring- und Therapieplanungssystems für die künstliche Beatmung von Frühgeborenen (VIE-VENT) gesammelt wurden, andererseits auf Aktivitäten, die im Rahmen des Vereins eCE durchgeführt wurden. VIE-VENT wird derzeit am Österreichischen Forschungsinstitut für Artificial Intelligence (ÖFAI) in Kooperation mit der Abteilung für Neonatologie, angeborene Störungen und Intensivmedizin, Universitätsklinik für Kinderheilkunde, der Abteilung für Kinderheilkunde, LKH Mödling und dem Institut für Medizinische Kybernetik und Artificial Intelligence, Universität Wien entwickelt. Der Verein engagierte ComputerexpertInnen (eCE) ist ein Netzwerk von EDV-Fachleuten aus Wissenschaft und Wirtschaft, das sich die kritische Beurteilung des Informations-technologieeinsatzes zur Aufgabe gestellt hat.

2. Monitoring- und Therapieplanungsaufgaben

Das wissensbasierte Monitoring und Therapieplanen besteht aus mehreren Teilaufgaben. Diese Teilaufgaben gehen von einem zugrundeliegenden Modell der zu beobachtenden Zustände aus (z.B.: ein Modell der Beatmung). Die Daten (die zu Verfügung stehenden Parameter) werden von den Monitoren übernommen, validiert und in qualitative Werte transformiert. Existieren signifikante Unterschiede zwischen den beobachteten Werten und den qualitativen Werten des Domainmodells, so werden betreffende Aktionen vorgeschlagen bzw. durchgeführt (Breuker, et al. 1987; Bykat 1991). Das Domainmodell beruht zumeist auf qualitativen Werten.

Die Abb.1 beschreibt einen Zyklus der Dateninterpretation mit dazugehöriger Begriffs-strukturierung. Unter „intelligent alarming" wird der Prozeß der Datenselektion, der Datenvalidierung und Teile der Datenabstraktion verstanden. Das Monitoring inkludiert zusätzlich zum „intelligent alarming" noch weitere Bereiche der Datenabstraktion sowie die Interpretation des Gesundheitszustandes der PatientInnen (Diagnose im engeren Sinne). Die Therapieplanung schließt noch zusätzlich eine Planungskomponente mit ein, die aus Therapieempfehlungen und kurz- oder längerfristigen Vorhersagen der Effekte der Therapieempfehlungen besteht.

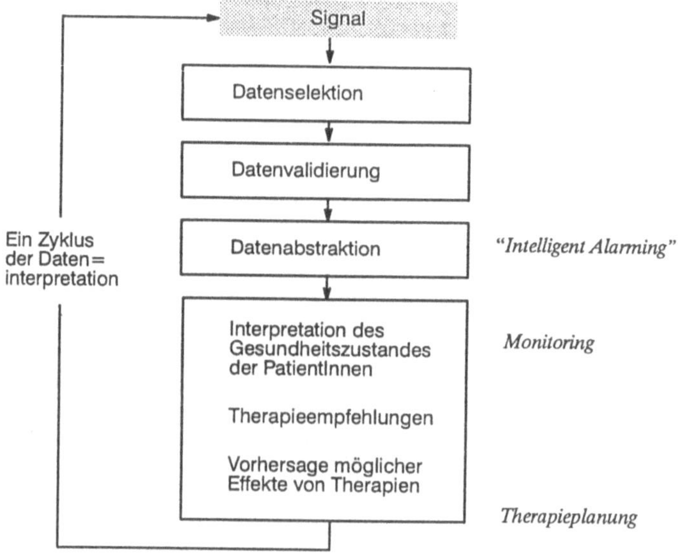

Abb.1: Aufgaben des Monitorings und Therapieplanes

Von der zugrundeliegenden Datenbasis kann man auf den Genauigkeitsgrad der Interpretation des Gesundheitszustandes und damit auf die Tiefe der Analyse schließen. Uckun (1993b) strukturiert zeitlich das Niveau der Interpretation. Er unterscheidet dabei zwischen der Interpretation von punktuellen Daten und Sequenzen von Daten. Abb. 2 zeigt die vollständige Definition der verschiedenen Niveaus dieser Interpretationen mit ihren zeitlichen Dimensionen. Uckun betont, daß auch Kombinationen dieser Klassen in Systemen auffindbar sind.

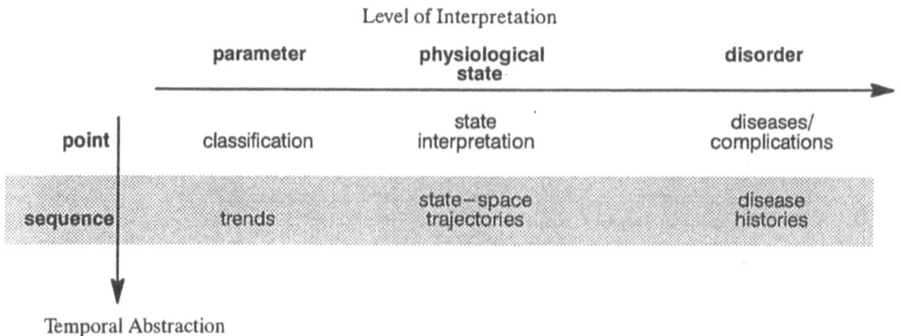

Abb.2: Zeitliche Dimensionierung der Interpretation des Gesundheitszustandes der Patientinnen (Uckun, 1993b)

Weiters wird unterschieden, welche Art der Therapieplanung das System unterstützt:

(a)   ein System, das Empfehlungen gibt;

(b)   ein System, das die ärztlichen Entscheidungen kritisiert („critiquing mode").

Als abschließende Kategorisierung der Systeme wird noch auf die Art des Therapiemanagements hingewiesen. Die weitest verbreitete Form ist die der „open-loop systems". Dies sind Systeme, die nicht direkt Geräte steuern, sondern nur Empfehlungen oder Kritik an Entscheidungen formulieren. Die zweite Form stellen die „closed-loop systems" dar, die direkt Geräte steuern. Diese Kategorie ist nicht sehr weit verbreitet. In der Untersuchung von Uckun (1993b) sind nur 3 closed-loop Systeme von insgesamt 32 auffindbar: Guardian (Hayes-Roth, et al. 1992, 1994; Ash, et al. 1993), bed-side-pancreas (Eytan, 1991), NeoGanesh/Ganesh (Dojat, 1992, 1994).

3. Übersicht über „alarming systems" und „intelligent patient monitoring and therapy planning systems"

Eine vollständige Darstellung aller wissensbasierten Systeme in der Intensivmedizin würde den Rahmen dieser Arbeit sprengen. Deswegen werden nur einige ausgewählte Anwendungen - besonders aus dem Bereich der künstlichen Beatmung - vorgestellt. Solche Systeme reichen von einfachen „intelligent alarming systems" bis zu hochkomplexen entscheidungsunterstützenden Systemen.

3.1 „Alarming systems"

Die bestehenden „intelligent alarming systems" reduzieren primär die Anzahl von falschen positiven Alarmen und versuchen Artifakte und inkorrekte Meßwerte zu identifizieren. Vereinzelt präsentieren sie als Abschluß Meßdatenzusammenfassungen. Beispiele für „alarming systems" sind in Abb. 3 aufgezählt, weitere sind in Beneken, et al. (1989) auffindbar:

name	application's domain
RESPAID (Chambrin, et al. 1989)	respiratory data
PONI (Garfinkel, et al. 1988)	operating room setting
SIMPLEXYS (Blom, 1987)	blood pressure control
– (Salatian, et al. 1994); theoretical approach	cardiovascular data

Abb.3: „Alarming Systems"

3.2 Monitoring- und Therapieplanungssysteme

Die Übersicht über wissensbasierten Monitoring- und Therapieplanungssysteme wurde nach ihren Anwendungsgebieten und nach den erfüllten Aufgaben (ob nur monitiert wird, nur

Therapieplanung durchgeführt wird, oder beide Komponenten repräsentiert werden) gegliedert.

Eine weitere mögliche Strukturierung ist die Einteilung nach der Systemarchitektur und den Schlußfolgerungsmechanismen: z.B.: VMS verwendet Entscheidungsbäume für Therapieempfehlungen, VentPlan kombiniert quantitative und qualitative Techniken (ein mathematisches Modell der Physiologie des Herzens und der Lunge, „belief networks" für die Berechnung der Erwartungswerte der Parameter und einen „plan evaluator" zum Reihen der Therapieempfehlungen, GUARDIAN basiert auf der „blackboard control architecture", SIMON verwendet eine Kombination von qualitativen und numerischen Simulationstechniken (YAQ), die eine Erweiterung der „Qualitative Process Theory (QPT)" ist. Weitere Analysen bestehender Systeme sind in Miksch et al. (1993a) und Uckun (1993b) zu finden.

name	task	application's domain
COMPAS (Sittig, et al. 1990)	[t]	respiratory distress syndrom
DiaMon-1 (Steimann, et al. 1993, 1994)	\<m\>	respiratory distress syndrom
GUARDIAN (Hayes–Roth, et al. 1992, 1994 Ash, et al. 1993)	\<m\> [t]	respiratory, cardiovascular
KBWEAN (Hiesmayr, et al. 1993)	[t]	respiratory distress syndrom
NeoGanesh/Ganesh (Dojat, et al. 1992, 1994)	[t]	respiratory distress syndrom
RESUME (Shahar et al. 1993, 1994)	\<m\>	pediatric growth's charts AIDS diabetes mellitus
SIMON (Uckun, et al. 1992, 1993a)	\<m\>	respiratory distress syndrom
TrenDx (Haimowitz, et al. 1993, 1994)	\<m\>	pediatric growth's charts respiratory distress syndrom
VentPlan (Rutledge, et al. 1989, 1993)	\<m\> [t]	respiratory distress syndrom
VIE–VENT (Miksch, et al. 1993b, 1994 a/b)	\<m\> [t]	respiratory distress syndrom
VM (Fagan, et al. 1984)	\<m\> [t]	postsurgical patient
VMS (Boyarsky 1987)	[t]	respiratory distress syndrom
— (Arroe 1991)	[t]	respiratory distress syndrom
— (Coiera 1990)	\<m\>	respiratory distress syndrom (acid–base)

\<m\> monitoring   [t] therapy planning

Abb.4: Monitoring und Therapieplanungssysteme

4. Vor- und Nachteile bestehender Systeme

4.1 Die Vorteile

Folgende Vorteile der bestehenden wissensbasierten Monitoring- und Therapieplanungssysteme sind, wenn auch nicht summiert in einem System, auffindbar:

(1) *Vermeidung von Fehlern:* Sowohl Rechenfehler als auch in zeitkritischen
Situationen leicht zu übersehende Planungskomponenten können durch
bestehenden Systeme vermieden werden;

(2) *Graphische Aufbereitung:* Einige Systeme legen ein Schwergewicht auf die
graphische Aufbereitung der kontinuierlichen Daten. Diese Komponente wird
aber auch vielfach bei kommerziellen PDMS mitgeliefert und in die Monitoring-
und Therapieplanungssysteme - wenn dies von der Firma gestattet - integriert;

(3) *Kontextsensitive Datenanalyse:* Einige Systeme bieten die Möglichkeit,
einerseits für die Interpretation des Gesundheitszustandes der PatientInnen
notwendige Parameter zu urgieren, andererseits aus der Fülle von Daten nur jene
für die Interpretation auszuwählen und darzustellen, die wirklich notwendig sind.
Diese Funktionen unterstützen speziell weniger erfahrene ÄrztInnen beim
Erfassen der Gesamtschau und der Orientierung über den Gesundheitsverlauf
ihrer PatientInnen.

(4) Systematische Analyse in (zeit-)kritischen Situationen;

(5) Umverteilung der Information;

(6) Management von Ressourcen;

(7) Unterstützung in der täglichen Routinearbeit und für weniger erfahrene
ÄrztInnen.

4.2 Die Nachteile

Ein großer Nachteil bestehender Systeme ist, daß sich die meisten auf die Lösung von
Teilproblemen konzentrieren und eine Integration von allen notwendigen Komponenten des
Monitorings und Therapieplanens fehlt. Auch die im vorangegangenen Abschnitt erwähnten
Vorteile betreffen alle Systeme insgesamt. Eine Vereinigung aller Vorteile in einem System
ist nicht auffindbar. Auf folgende Nachteile in den bestehenden Systemen soll aufmerksam
gemacht werden:

(1) Mangelnde Real-time-Performance;

(2) Mangelnder Umfang mit fehlerhaften Daten;

(3) *Datenbasis für den Monitoring- und Therapieplanungsprozeß:* Die verwendete
Datenbasis bei manchen Systemen beruht nicht auf den Daten, die im klinischen
Alltag wirklich als Entscheidungsgrundlage herangezogen werden. Z.B.: Die
meisten Systeme verwenden invasiv bestimmte Blutgasanalysen als Basis für
Therapieempfehlungen bei künstlicher Beatmung von Neugeborenen. In der
Realität sind diese aber viel zu selten vorhanden, sodaß die meisten ärztlichen
Entscheidungen auf den transkutan gemessenen Blutgasen beruhen;

(4) *Mangelnde Gestaltung der Benutzerschnittstelle:* Dies ist sicherlich darauf zurückzuführen, daß bei den meisten Systemen das Schwergewicht auf Interpretation und Analyse der kontinuierlichen Daten gelegt und Benutzeraspekte außer acht gelassen werden;

(5) Mangelnde Erklärungskomponenten;

(6) Schlechte Integrierbarkeit in bestehende PDMS;

(7) „Prove-of-Concepts"-Systeme, die nicht für Alltagstauglichkeit weiterentwickelt werden.

5. Forderungen für eine effektive Entwicklung

Im diesem Abschnitt werden Forderungen für eine effektive und erfolgreiche Planung und Implementierung eines Monitoring- und Therapieplanungssystems aus medizinischer und aus technischer Sicht formuliert.

(1) *Erhebung der wirklichen medizinischen Bedürfnisse:* Eine weitreichende Bedarfsanalyse, welche Hilfsmittel in den intensivmedizinischen Kliniken wirklich benötigt werden, fehlt nahezu zur Gänze. Die medizinischen Bedürfnisse müssen genau definiert und deren technische Umsetzbarkeit geprüft werden.

(2) *Kooperation zwischen medizinischen und technischen Fachleuten:* Die Basis für ein erfolgreiches Systems ist die positive Zusammenarbeit zwischen medizinischen und technischen Fachleuten. Der zeitliche Umfang und die Intensität dieser Zusammenarbeit wird oft unterschätzt. Außerdem ist bei der Zusammensetzung der Fachleute zu beachten, daß wirkliche BenutzerInnen und NutzerInnen des zu entwickelnden Systems im Projektteam integriert sind. Weiters muß der sinnvolle Einsatz eines solchen Systems für alle an der Entwicklung Beteiligten und für die späteren Anwender offensichtlich sein.

(3) *Technische Bereiche - Integration in bestehende PDMS:* Bei der Entwicklung muß darauf geachtet werden, daß die spätere Dateneingabe minimiert wird. Daher ist eine On-line-Datenübernahme der Monitordaten sowie eine Integration in das bestehende PDMS unabdingbar. Dies wird von Seiten der PDMS-Hersteller nicht immer unterstützt.

(4) *Systemtechnische Bereiche:* Das Wissen der medizinischen und der ComputerexpertInnen muß strukturiert und für beide Gruppen transparent gemacht werden. Das verwendete konzeptuelle Modell muß nachvollziehbar sein und es muß eine geeignete graphische Aufbereitung der kontinuierlichen Daten sowie eine adäquate benutzerfreundliche und funktionale Benutzerschnittstelle, die sich auf die medizinischen Bedürfnisse konzentriert, konzipiert werden. Dies ist für die spätere Akzeptanz des Systems essentiell.

(5) *Evaluation:* Die Evaluation von Real-time-Systemen ist schwierig, daher müssen geeignete (klinische) Testumgebungen überlegt werden. Weiters ist vor allem für die Zeit der intensiven technischen und empirischen Evaluation des Systems eine besondere Kooperation zwischen medizinischen und ComputerexpertInnen notwendig. Außerdem sollten langfristige Evaluationen der klinischen Impakts der Systeme durchgeführt werden.

(6) *Schulung*: Das Personal muß ausreichend eingeschult werden, eine kontinuierliche Systemweiterbetreuung ist unabdingbar.

Danksagung

Das Projekt VIE-VENT wird vom „Jubiläumsfonds der Österreichischen Nationalbank", Wien, Projektnummer 4666 unterstützt. Das Österreichische Forschungsinstitut für Artificial Intelligence (ÖFAI) wird vom Österreichischen Bundesministerium für Wissenschaft und Forschung (BMWF), Wien, unterstützt.

Literatur

Arroe, M. (1991). A Computerized Aid in Ventilating Neonates. Computers Biol. Med., 21, 1/2, 15-21

Ash, D., Gold, G., Seiver, A., Hayes-Roth ,B. (1993). Guaranteeing Real-time Response with Limited Resources. Artificial Intelligence in Medicine, 5, 1, 49-66

Beneken, J.E.W., Aa, J.J.van der (1989). Alarms and their Limits. Monitoring. Journal of Clinical Monitoring,5,3, 205-10

Blom, J.A. (1987). SIMPLEXYS, A Real-Time Expert System Tool. In: Proceedings of the IASTED International Symposium on Expert Systems. Geneva

Boyarsky, A. (1987). Computerized Ventilation Management System for Neonates. Journal of Perinatology, 7, 1, 21-9

Breuker, J.A., Someren, M.W.van, Hoog, R.de, Schreiber, G., Greef, P.de, Bredeweg, B., Wielemaker, J., Billault, J.-P., Davoodi, M., Hayward, S.A. (1987). Model-Driven Knowledge Acquistion: Interpretation Models. University of Amsterdam and STL Ltd., Esprit Project P1098, Memo 87

Bykat, A. (1991). Intelligent Monitoring and Diagnosis Systems: A Survey. Applied Artificial Intelligence, 5, 4, 339-352

Coiera, E.(1990). Monitoring Diseases with Empirical and Model-generated Histories. Artificial Intelligence in Medicine, 2, 135-47

Chambrin, M.-C., Chopin, C., Ravaux, P., Mangalaboyi, J., Lestavel, P., Fourrier, F. (1989). RESPAID: Computer-Aided Decision Support for Respiratory Data in ICU. In: Proceddings Eleventh Annual Conf. IEEE Engineering in Medicine and Biology Soc. Seattle, WA

Dojat, M., Brochard, L., Lemaire, E., Harf, A. (1992a). A Knowledge-Based System for Assisted Ventilation of Patients in Intensive Care Units. International Journal of Clinical Monitoring and Computing, 9, 239-50, 1992.

Dojat, M., Sayettat,C. (1994). Aggregation and Forgetting: Two Key Mechanisms for Across-Time Reasoning in Patient Monitoring. In: Kohane I.S., et al.(Hrsg.), AI in Medicine: Interpreting Clinical Data. AAAI Press,Menlo Park,33-36

Eytan, M. (1991). 'Bed-side-pancreas'. In: Sciences Cognitives de l'Est meeting. Soulzmatt

Fagan, L.M., Kunz, J.C., Feigenbaum, E.A., Osborn, J.J. (1984). Extensions to the Rule-Based Formalism for a Monitoring Task. In: Buchanan B.G., Shortliffe E.H. (Hrsg.). Rule-Based Expert Systems - The MYCIN Experiments of the Stanford Programming Project. Addison-Wesley, Reading, MA

Garfinkel, D., Matsiras, P.V., Lecky, J.H , Aukburg, S.J., Matschinsky, B.B., Mavrides, T.G. (1988). PONI: An Intelligent Alarm System for Respiratory and Circulation Management in the Operating Room. In: Proceedings og the 12th Annual Symposium on Computer Applications in Medical Care (SCAMC 88). Washington, DC

Haimowitz, I.J., Kohane, I.S. (1993). Automated Trend Detection with Alternative Temporal Hypotheses. In: Bajcy R. (Hrsg.). Proceedings of the Thirteenth International Joint Conference on Artificial Intelligence (IJCAI-93), Morgan Kaufmann, San Mateo, Ca, 146-51

Haimowitz, I.J., Kohane, I.S. (1994). Diagnostic Monitoring of Intensive Care Unit Data Using Trend Templates. In Kohane I.S., et al. (Hrsg.), AI in Medicine: Interpreting Clinical Data. AAAI Press, Menlo Park, 57-61

Hayes-Roth, B., Washington, R., Ash, D., Hewett, M., Collinot, A., Vina, A., Seiver, A. (1992). Guardian: A   Prototype Intelligent Agent for Intensive-Care Monitoring. Artificial Intelligence in Medicine, 4, 2, 165-66

Hayes-Roth, B. (1994). A Domain-Specific Software Architecture for a Class of Intelligent Patient Monitoring Agents. Knowledge Systems Laboratory, Computer Science Dept., Stanford University, Stanford, CA 94305,USA, KSL94-20

Hiesmayr, M., Gamper, J., Neugebauer, T., Mares, P., Adlassnig, K.-P., Haider, W. (1993). A Clinical Application of Patient Data Management Systems (PDMS): Computer-Assisted Weaning from Artificial Ventilation (KBWEAN). In: Lenz K., Metnitz P.G.H. (Hrsg.). Patient Data Management in Intensive Care. Springer, Wien, 129-138

Miksch, S., Horn, W., Popow, C., Paky, F. (1993a). Knowledge-Based Monitoring and Therapy Planning in Intensive Care Units (ICUs). In: Lenz K., Metnitz P.G.H. (Hrsg.). Patient Data Management in Intensive Care. Springer, Wien,139-148

Miksch, S., Horn, W., Popow, C., Paky, F. (1993b). VIE-VENT: Knowledge-Based Monitoring and Therapy Planning of the Artificial Ventilation of Newborn Infants. In: Andreassen, S., et al. (Hrsg.). Artificial Intelligence in Medicine: Proceedings of the 4th Conference on Artificial Intelligence in Medicine Europe (AIME-93). IOS Press, Amsterdam, 218-229

Miksch, S., Horn, W., Popow, C., Paky, F. (1994a). Context-Sensitive Data Validation and Data Abstraction for Knowledge-Based Monitoring. Österreichisches Forschungsinstitut für Artificial Intelligence, Wien, TR-94-04 and to appear In: Proceedings of the 11th European Conference on Artificial Intelligence (ECAI 94). John Wiley & Sons, Chichester, UK

Miksch, S., Horn, W., Popow, C., Paky, F. (1994b) Intensive Care Monitoring and Therapy Planning for Newborns. In: AAAI 1994 Spring Symposium: Artificial Intelligence in Medicine: Interpreting Clinical Data. AAAI Press, Menlo Park

Rutledge, G., Thomsen, G., Beinlich, I., Farr, B., Sheiner, L., Fagan L.M. (1989). Combining Qualitative and Quantitative Computation in a Ventilator Therapy Planner. In: Proceedings of the 13th Annual Symposium on Computer Applications in Medical Care (SCAMC 89). Washington, DC

Rutledge, G.W., Thomsen, G.E., Farr, B.R., Tovar, M.A., Polaschek, J.X., Beinlich, I.A., Sheiner, L.B., Fagan, L.M. (1993). The Design and Implementation of a Ventilator-Management Advisor. Artificial Intelligence in Medicine, 5, 1, 67-82

Salatian, A., Hunter, J. (1994). Temporal Expert System Approach to the Interpretation of ICU Cardiovascular Data. In: Kohane I.S., et al. (Hrsg.). AI in Medicine: Interpreting Clinical Data. AAAI Press, Menlo Park, 139-142

Shahar, Y., Musen, M.A. (1993). RESUME: A Temporal-Abstraction System for Patient Monitoring. Computers and Biomedical Research, 26, 255-273

Shahar, Y., Das, A.K., Tu, S.W., Musen, M.A. (1994). Knowledge-Based Temporal Abstraction in Clinical-Management Tasks. In: Kohane I.S., et al. (Hrsg.). AI in Medicine: Interpreting Clinical Data. AAAI Press,Menlo Park, 143-147

Shortliffe, E.H. (1991). Knowledge-Based System in Medicine. In: Proceedings of Medical
    Informatics Europe 1991 (MIE-91). Springer, Berlin
Sittig, D.F., Pace, N.L., Gardner, R.M., Morris, A.H., Wallace, J. (199). Clinical Evaluation of
    Computer-based Respiratory Care Algorithms. Int. Journal of Clinical Monitoring and
    Computing 7, 177-185
Steimann, F., Adlassnig, K.-P. (1993). Clinical Monitoring with Fuzzy Automata. Institut für
    Medizinische Computerwissenschaften, Universitaet Wien, Report No. MES-2
Steimann, F., Adlassnig, K.-P. (1994). Two-Stage Interpretation of ICU Data Based Fuzzy
    Sets. In: Kohane I.S., et al. (Hrsg.), AI in Medicine: Interpreting Clinical Data. AAAI
    Press, Menlo Park, 152-6
Szolovits, P. (1992). Artificial Intelligence and Medicine. In Szolovits P.(Hrsg.). Artificial
    Intelligence in Medicine. Westview Press, Boulder, CO
Uckun, S., Dawant, B.M. (1992). Qualitative Modelling as a Paradigm for Diagnosis and
    Prediction in Critical Care Environments. Artificial Intelligence in Medicine
    4, 2, 127-144
Uckun, S., Dawant, B.M., Lindstrom, D.P.(1993a). Model-based Diagnosis in Intensive Care
    Monitoring: the YAQ Approach. Artificial Intelligence in Medicine, 5, 1, 31-48
Uckun, S. (1993b). Intelligent Systems in Patient Monitoring and Therapy Management.
    Stanford University, Knowledge Systems Laboratory, Report KSL 93-32

Systemtechnische Aspekte zur Konzipierung von Krankenhaus-EDV-Systemen

M. Zauner
Abt. System- und Automatisierungstechnik
Wissenschaftliche Landesakademie für Niederösterreich, Krems, Österreich

KURZFASSUNG

EDV-Systeme leisten dem Krankenhauspersonal in vielen Bereichen der Verwaltung, Medizin und Pflege wertvolle Unterstützung, um deren Arbeiten effizient zu organisieren, kurzfristig zu planen, umfassend zu dokumentieren und abzurechnen. Das EDV-System unterstützt dabei den laufenden Arbeitsfluß und sorgt so für kurze Anforderungs- und Leistungszeiten. Die Einführung oder der Ausbau von EDV-Systemen muß heute unter den Gesichtspunkten extremer Wirtschaftlichkeit durchgeführt werden. Anhand von Standards in der Medizin und Informatik wird gezeigt, daß heute die Möglichkeiten zum Aufbau von integrierten Systemen gegeben sind.

1. Ziele

Ziele eines Krankenhausinformationssystems sind die einfache Erfassung aller anfallenden Daten in der EDV, möglichst am Ort ihrer Entstehung, die Weiterleitung dieser Daten an alle Stationen, Abteilungen und Leistungsstellen, die diese Daten benötigen und die patientengerechte Auswertung dieser Daten. Dabei stehen die drei Anforderungsgruppen Verwaltung, Medizin und Pflege mit den wichtigsten Zielen der patientenorientierten Leistungsverrechnung, medizinische und Pflegedokumentation sowie Qualitätssicherung im medizinisch-pflegerischen Bereich im Vordergrund.

Wichtige Parameter zur Steuerung der Arbeitsabläufe wie z.B. die durchschnittliche Aufenthaltsdauer eines Patienten vor und nach einer Operation, die Anzahl der Laboranforderungen, die Wiederholung von Laboranforderungen, das Auftreten von Infektionen werden oft aus Mangel an Detailinformationen nicht analysiert und daher für eine künftige Fehlerursachenbekämpfung respektive Qualitätssteigerung nicht genützt. Gerade in diesen Punkten bietet die EDV enorme Leistungen.

Die technologische Entwicklung von Computersystemen und Netzwerken ermöglicht heute die datentechnische Verbindung von Barcode-Lesern, Magnet- und Induktivkartensystemen, Scannern, Touchscreens, mobilen Datenerfassungseinrichtungen usw. mit Computern der PC-, Workstation- und Mainfraimetechnologien, der Local Area Networks (LANs) als auch der Wide Area Networks (WANs). Laser-, Tintenstrahl- und Hochgeschwindigkeits-matrixdrucker, Fax, Modem, BTX-Einrichtungen als auch externe Datenbanken können innerhalb von Netzwerken gemeinsam genutzt und verwendet werden.

International genormte Netzwerkprotokolle (X.25, HDLC, SDLC; ISO/OSI, TCP/IP) als auch Zugriffsverfahren (Ethernet, Token Bus und Token Ring, FDDI) erlauben heute unter Einsatz qualitativ hochwertiger Hardwarekomponenten eine gesicherte Datenübertragungsrate von real 4 bis 16 Mbit/sec. Datenbankbasierende, modulare Programme, entscheidungsunter-stützende Expertensysteme und parametrierbare Standardsoftware bilden heute die Grundlage moderner Krankenhausinformationssysteme. Die Einbindung von bildverarbeitenden Systemen (z.B. CT, Röntgen) wird in den nächsten Jahren immer praktikabler und in Verbindung mit Archivierungssystemen in integrierten EDV-Lösungen zu besserer Qualität im Arbeitsprozeß führen.

2. Neueinführung und Ausbau eines Krankenhausinformationssystems

In der umfassenden Diskussion über den Aufbau von Krankenhausinformationssystemen sind grundsätzlich zwei Ansätze zu unterscheiden:

Erstens die Neueinführung eines Krankenhausinformationssystems und zweitens der Ausbau eines bestehenden Krankenhausinformationssystems. Im ersten Fall kann sich das Krankenhaus - abgesehen von den Kosten der Lösung - uneingeschränkt einer modernen, zukunftsorientierten Lösung widmen. Im zweiten Fall werden die Entscheidungskriterien für die Produktauswahl sicherlich von den bereits im Hause befindlichen Lösungen beeinflußt, sofern diese nicht wesentlich veraltet sind und somit ein Weiterausbau nicht mehr wirtschaftlich ist.

Oft wird jedoch ein Kompromiß im Weiterbestehen der „alten" und der „neuen" Lösung aus Kostengründen gesucht, was im Regelfall die bestehenden Probleme mittel- bis langfristig nicht löst und einen unnötigen „overhead" in der Betreuung des laufenden Systems bedeutet (Stichwort: Personalkosten-Motivation). Gerade auch in Hinblick auf die Steigerung der Qualität der Arbeitsprozesse im Krankenhaus sollte dieser Punkt in den Gesamtüberlegungen berücksichtigt werden.

In beiden Fällen sind die systemtechnischen Anforderungen an die EDV-Lösungen sehr interessant. Zum einen stehen die Anforderung an eine Verknüpfung von alten und neuen Lösungen zum anderen der Einsatz neuester Technologien im Vordergrund.

3. Konzepte

Konzentriert man sich auf die fachlichen Aspekte zum Aufbau eines Krankenhausinformationssystems, so kommen wirtschaftliche, technische, medizinische, pflegerische und verwaltungsorientierte Belange zum Tragen.

Zu den wirtschaftlichen Faktoren zählen primär die bereits getätigten Investitionen in Hard- und Software als auch die Personal- und Wartungskosten für produktspezifische Schulungen. Die Nähe zum Lieferanten als auch die Sicherheit, einen kompetenten Partner zu haben, sind wichtige Aspekte für den laufenden Betrieb des Systems (Stichwort: Return-of-Investments).

Ein weiterer wesentlicher Schritt ist die Durchführung einer Bedarfsanalyse mit genauer Zieldefinition des Projektes. Dazu ist es unumgänglich, die Endanwender bezüglich ihrer Anforderungen zu befragen. Die Trennung von Wunsch und Anforderung als auch die Koordinierung von Interessensvertretungen erfordern viel Geschick und Erfahrung in diesem Anwendungsbereich. Sehr oft werden gerade in Krankenhausinformationssystemen personenbezogene Anforderungen (z.B. Positionierungen von Datenfeldern, Art der Informationsdarstellungen) als Bewertungskriterien verstanden, was in der Regel zu Programmen führt, die sich durch „Ausnahmenprogrammierung" hervorheben und weniger das Kernproblem lösen. Mehr über Erfahrungen und Ansätze zur Entwicklung von Krankenhausinformationssystemen ist in der Literatur zu finden.

Von der technischen Seite gesehen ist der Aufbau von integrierten Krankenhaus-informationssystemen heute möglich. Dazu gehören im weiteren auch die Verbindungen zu externen Systemen. Diese können über ISDN- oder Modem-Verbindungen errichtet werden und unterstützen die direkte Kommunikation zwischen Computersystemen (z.B. externe Literaturdatenbanken) oder den einfachen Anschluß von Fax und BTX-Einrichtungen. Genormte Netzwerkprotokolle und standardisierte Zugriffsverfahren sichern die Datenübertragung innerhalb und zwischen homogenen als auch heterogenen Netzwerken. Die dazu wichtigsten Normungsinstitute sind ISO (International Standardization Organisation) unter anderem mit dem OSI (Open Systems Interconnection) 7 Schichtenprotokoll und IEEE (Institute for Electronical and Electrical Engineering) mit den technischen Spezifikationen (Abb.1).

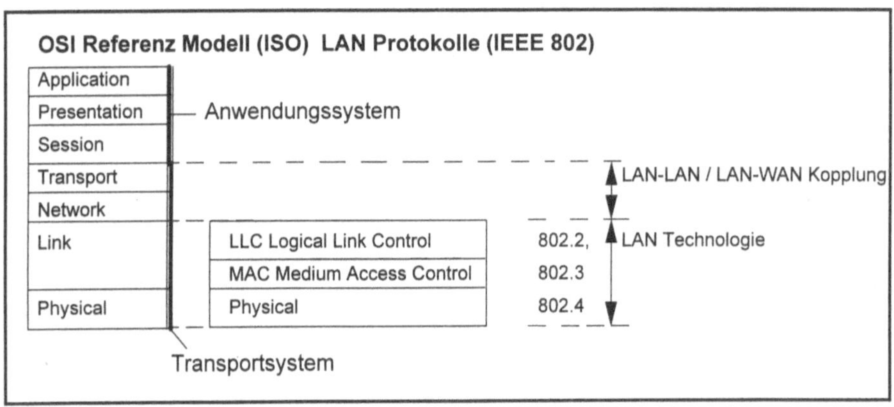

Abb.1: LAN-Standardisierung OSI-Schichten

Informationstechnisch gesehen sind die Probleme auf datenorganisatorische und daten-technische Ansätze ableitbar. Durch den Einsatz von relationalen Datenbanksystemen können Daten logisch zentral verwaltet werden, d.h. verschiedene Anwender greifen auf die gleichen Datenbestände zu. Sie wissen jedoch nicht, wo diese Datenbestände physisch im Netzwerk abgespeichert sind. Sind alle Daten am gleichen Datenbank-Server gespeichert, spricht man von einem zentralen Datenbanksystem, sind die Daten auf verschiedenen Servern abgespeichert, spricht man von einem verteilten Datenbanksystem.

Der konzeptuelle Ansatz einer integrierten Lösung basiert grundsätzlich auf einem „zentralen" (Abb.4) oder „dezentralen" (Abb.5) Ansatz. Direkt beeinflußt durch diese beiden Konzepte werden die Dimensionen der Hardwarekomponenten, die Qualität der Ausbildung der Systembetreuer und die Verflechtung der Organisation mit der EDV, die hauptsächlich durch das Schlagwort „Flexibilität" und Patientenorientierung geprägt sind. EDV-seitig spricht man beim zentralen Ansatz von Mainframe-Systemen und beim dezentralen Ansatz von Netzwerksystemen, wobei darunter PC-Netzwerksysteme gemischt mit Computern der Workstation- und Mainframekategorien zu verstehen sind (Abb.3)

Ziel ist es, schrittweise von der Kopplung von Programmen zu deren Integration zu gelangen. Moderne Softwaresysteme nutzen die Möglichkeiten der vernetzten Anwendungen, Datenbankunterstützungen und Client/Server-Architekturen (Abb.2)

4. Client/Server-Architekturen

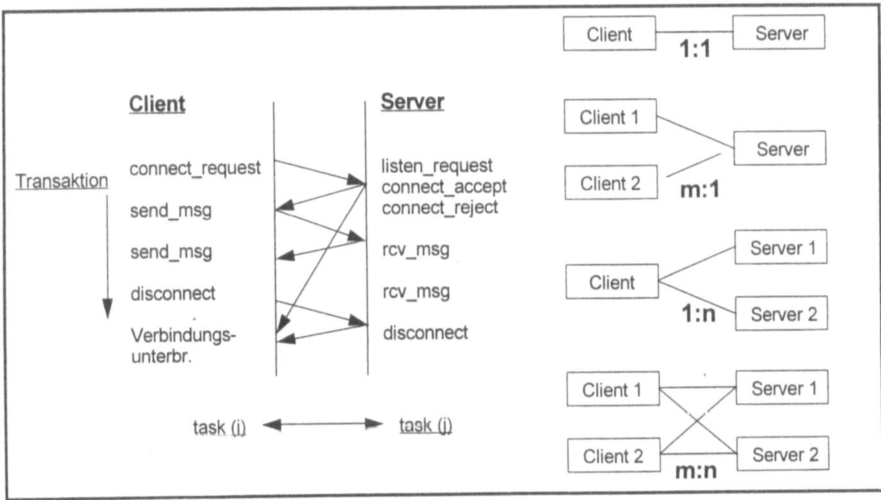

Abb.2: Client/Server-Architekturen

5. Hardware-Konzept(e)

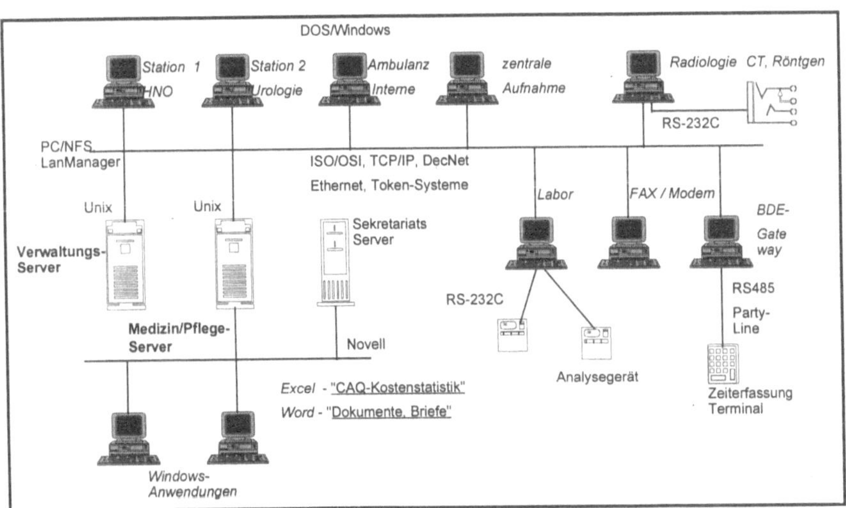

Abb.3: Grobes Hardwarekonzept (beispielhaft)

6. Lösungsansätze - vom „Ist"- zum „Soll"-Zustand

6.1 Zentrale Lösungen

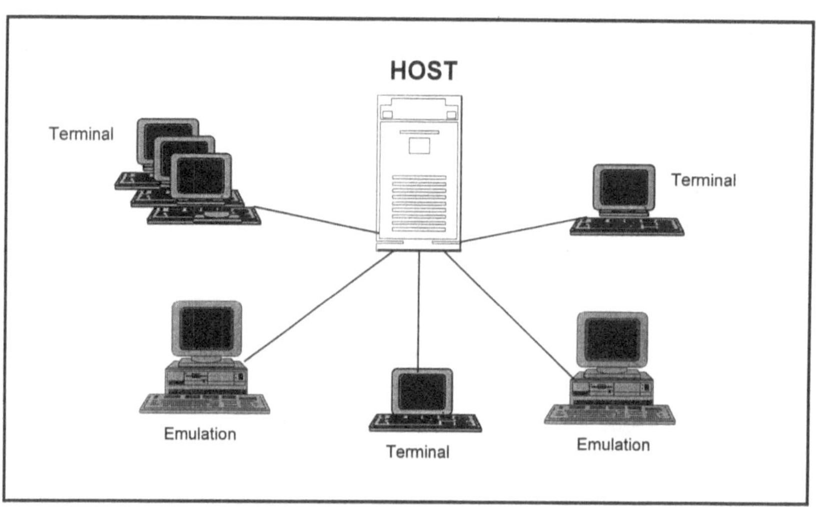

Abb.4: Zentrale Lösungen

6.2 Dezentrale Lösungen

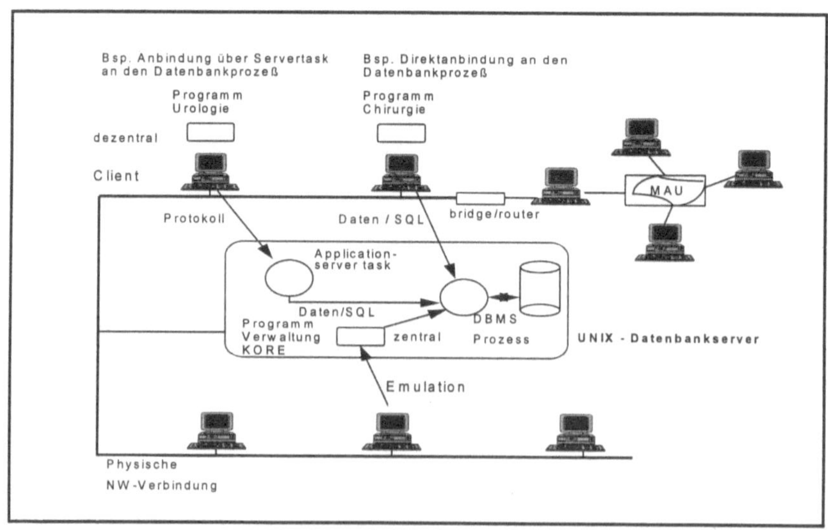

Abb.5: Dezentrale Lösungen

6.3 Offene Client/Server Lösungen

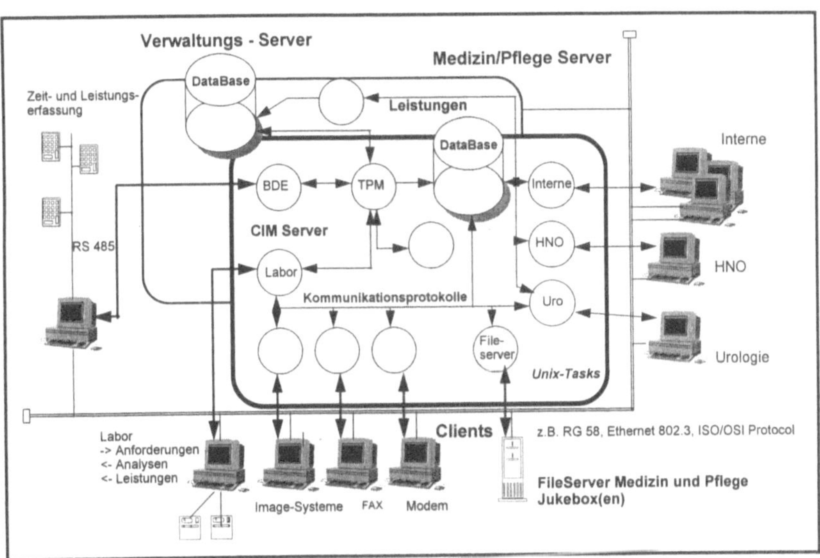

Abb.6: Offene Client/Server Lösung. Programme laufen auf den PCs. Die Daten-weiterleitung erfolgt über Unix-Servertasks, die zwei Aufgaben haben. Erstens die Datenweiterleitung in die Datenbank und zweitens die Informations-weiterleitung (Trigger) zu anderen Prozessen im Arbeitsfluß und deren Aktivierung.

7. Datenbank

Obwohl relationale Datenbanken allgemein den Nachteil haben, bei zunehmenden Datenvolumen langsam zu werden, sind sie für den praktischen Einsatz sehr empfehlenswert - ja heute schon Standard - da sie sehr einfach wart- und handhabbar sowie sicher sind. Den Nachteil der Geschwindigkeit versucht man meistens mit Hardwareperformance zu eliminieren.

Die wichtigste Eigenschaft, die das Datenbankmanagementsystem für die Integration in ein KH-Informationssystem aufweisen soll, und die auch von den Programmen genutzt werden sollte, ist die Verwendung einer Standard-SQL-(Structured Query Language)-Schnittstelle. Namhafte Datenbankhersteller bieten für ihre Datenbank die notwendigen Treiberprogramme für Netzwerkbetriebssysteme und Windows-Oberflächen an. Die SQL-Schnittstelle bietet mit ihren 4 Operationen (select, update, insert, delete) und deren rekursiven, gruppierbaren Anwendung alle Möglichkeiten der Datenmanipulationen.

8. Protokolle

Die Protokolle der Applikationserver-Tasks orientieren sich am Bedarf der Krankenhausbereiche. Diese Protokolle sind nicht zu verwechseln mit Netzwerkprotokollen wie z.B. OSI, TCP/IP, SPX/IPX in LANs bzw. X.25, HDLC oder SDLC in WANs. Beispielhaft sieht die Struktur eines Task-to-task-Protokolls folgendermaßen aus.

```
structure {
     sender        string,          // Abteilung HNO
     reviewer            string,    // an Labor
     data          data_modell,     // Anforderung
     checksum      integer          // Prüfverfahren nach mathematischer Formel
} beispiel_protokoll;
```

```
structure {
     datum         date,        // 23.4.1994
     zeit          time,        // 9.00
     anforderung   integer,     // Laborcode: 123
     zusatzbeschr  string       // Eilanforderung - Unfallpatient
     iz            string       // 94010001
     az            string       // 5
} data_modell;
```

9. Task-to-task-Kommunikation

Die Task-to-task-Kommunikation erfolgt mittels verschachtelter Iterationen. Um die Prozessorzeit nicht unnötig zu verbrauchen und so das Serversystem für aktive Prozesse freizuhalten, werden nicht-aktive Prozesse in den Ruhemodus gestellt. Jeder Serverprozeß wartet permanent auf Aufgaben seines oder seiner zugeordneten Clientprozesse und arbeitet diese in der Reihenfolge ihres Eintreffens ab (Abb.6).

Beispiel: Client-Prozeß (sowohl DOS/Windows als auch Server-seitig) in Pseudocode:

```
repeat                        /* Ununterbrochener Versuch, die Verbindung zum Server aufzubauen. */
          system_return_code=false;
          connect labor_server;
          if no_connection                              /* kein Verbindungsaufbau möglich */
             then system_error_message                       /* system_return_code = false */
                  system_error_handling                           /* Fehlerbehandlung */
          else Daten=(23.4.1994, 9.00, 123, Eilanforderung Unfallpatient, Maier, 94010001, 5);
             repeat              /* Ununterbrochener Versuch die Anforderung auswerten zu lassen */
             protokoll_return_code=false;
                send_msg (HNO, Labor, Daten, 10);            /* Senden der Daten zum Server */
                receive_msg (protokoll_return_code, analysewerte);    /* Warten auf das Ergebnis */
                if protokoll_return_code== false
                   then protokoll_error_message and protokoll_error_handling;      /* Fehler */
                   else print analysewerte;                       /* Drucken der Daten */
                until protokoll_return_code==true;
             disconnect;    /* Verbindungsabbau, wenn die Datenübertragung durchgeführt wurde */
          until system_return_code==true;
```

Beispiel: Server Prozeß (als Task am Datenbankserver) in Pseudocode:

```
repeat
      receivce_msg (client, beispiel_protokoll);                          /* Warten auf die Anforderung */
      if anforderung = 123                                               /* Erkenne Eilanforderung */
         then Aktivierung Analysegerät, Neuordnung der Anforderungen, Senden der Profiles, ...
             setze Analyseergebnisse in die Datenstruktur                        /* Aktionen */
             send_msg (client, protokoll_return_code=true, Analyseergebnisse)   /* Ergebnis rücksenden */
      if anforderung = ...
         ...
      if anforderung == unbekannt                                        /* Fehler im Übertragungsprotokoll */
         then send_msg (client, protokoll_return_code=error_99);
      until system_process_shutdown;
```

10. Durchführung - Migrationslösungen

Da der Aufbau eines Gesamtsystems immer bereits vorhandene Programme und Daten berücksichtigen muß, ist eine Migrationsstrategie zur Einführung neuer Systeme empfehlenswert.

Diese wird *stufenweise*, beginnend mit den fachübergreifenden Funktionen (Patientenaufnahme, Etikettendruck, Apothekenanforderungen, ...), durchgeführt. So können bestehende Programme, die primär keine übergreifenden Funktionen haben, wie zum Beispiel die Kostenrechnung (Verwaltung), weiter in der alten Lösung bestehen. Bei der Migrationsstrategie muß jedoch **vor** der Programmportierung sichergestellt sein, daß ein Datenaustausch zwischen den alten und neuen Programmen stattfinden kann. Es ist außerdem sicherzustellen, daß dieser Datenaustausch, der im Regelfall als Filetransfer im Batchbetrieb stattfindet, automatisiert durchgeführt werden kann.

Es gibt unterschiedliche Ansätze für diese Einführungsstrategien. So können neben dem oben erwähnten funktionsorientierten Weg auch ein bereichsbezogener Weg eingeschlagen werden. In diesem kann z.B. ein Computersystem für den Verwaltungsbereich mit einem Computernetzwerksystem für den medizinisch/pflegerischen Bereich verbunden werden, wobei eines der beiden Systeme bereits bestehen kann. Das Problem des Datenaustausches ist jedoch auch in diesem Fall zu definieren.

11. Ausblick

Datentechnisch sind integrierte Informationssysteme implementierbar. Diese Computernetzwerke können in allen Krankenhausbereichen und deren Schnittstellen zu inneren und außerhalb liegenden Bereichen (z.B. Pflegeeinrichtungen, Hausärzte, Labors) wertvolle Hilfen in der Dokumentation, Abrechnung, Verwaltung und Analyse bieten. Von technischer Seite gesehen kann somit eine patientenorientierte Leistungsverrechnung und Dokumentation unter Einbindung medizinischer Codes (ICD-9, SNOMED,...) durchgeführt werden. Weitere Vorteile der EDV im Krankenhaus liegen außerdem in den verschiedensten Möglichkeiten der Datenauswertung sowohl für wissenschaftliche Arbeiten auf allgemeinen und speziellen Gebieten der Medizin als auch für state-of-the-art Präsentationen dieser Ergebnisse. Zu lösen sind die Probleme, welche Daten fallen im medizinisch-pflegerischen Bereich und Verwaltung an, welche Daten werden gemeinsam genutzt, für welche Daten besteht ein Austausch in Zeitintervallen und wie sind die Datenformate definiert. Mit diesem Ansatz können Krankenhausdatenbanken stufenweise aufgebaut und von den Programmen genutzt werden. Unter Berücksichtigung der technologischen Weiterentwicklung (z.B. mobile Datenerfassung) wird die Nutzung dieser Möglichkeiten bereits in naher (Pilotprojekte) bis mittlerer Zukunft eine umfassende Patientenbetreuung anbieten können.

Literatur

Klüber, D. Development of a Medical Database For an Orthopaedic Clinic Problems, Solutions and Success; Proceedings of , "Eleventh International Congress of the European Federation for Medical Informatics (MIE 93)", Jerusalem, 1993; p. 160 ff

Madjaric, M.,Gell,G. Hints for Developing and Implementing Hospital Departmental Applications Twenty years of experience. Proceedings of Eleventh International Congress of the European Federation for Medical Informatics, MIE 93, Jerusalem,1993, p. 231 ff

„Health Care Industry Report" IQS 92 American Quality Foundation and Ernst & Young, 1992

Kriterien bei der Auswahl von Krankenhaus-EDV-Systemen

A. Faustenhammer
Projektmanagement-Consult
Allg. gerichtlich beeideter Sachverständiger
Österreich

KURZFASSUNG

Wie bei jedem EDV-Einsatz sind auch im Krankenhaus Kostenreduktion und verbessertes Kundenservice bzw. Managementinformationen die wesentlichen Argumente für die Anschaffung. Die Auswahlkriterien (Funktionalität, Integration, Qualität, Anpassungs-fähigkeit, Preis/Leistung,...) müssen daher mit obigen Argumenten abgestimmt werden.

1. Einleitung

Bei der Untersuchung von „Krisen-Projekten" in Krankenhäusern mußte sehr oft festgestellt werden, daß bereits in der Phase der Produktauswahl der Grundstein für das vollkommene Versagen des Projektes „EDV-Einführung" gelegt wurde oder zumindest Kostensteigerungen und Terminverzögerungen zu den ursprünglichen Planungen festzustellen waren. Dies unterstreicht die Wichtigkeit des Vorganges einer EDV-Auswahl.

2. Argumente für den EDV-Einsatz

Als Argumente für den EDV-Einsatz werden üblicherweise angeführt:

- Kostenreduktion

- besseres Kundenservice in den ausführenden Bereichen

- aktuelle Managementinformation für die dispositiven Tätigkeiten

2.1 Auswahlkriterien

Argumente für den Einsatz von EDV in einem Betrieb sind im wesentlichen:

EDV-Investitionen sollen eine Kostenreduktion bei gleichzeitiger Verbesserung des Kundenservice erreichen. Hauptsächlich sollte an die ausführenden Abteilungen gedacht werden. Nicht zu vergessen sind aber auch die aktuellen Managementinformationen, die es dem Management ermöglichen, direkt bzw. indirekt ebenfalls zur Kostenreduktion und dem Kundenservice beizutragen. Neben den administrativen Aufgaben in einem Krankenhaus wird auch die Unterstützung des Mediziners bei Diagnose und Therapie immer mehr ein Zielpunkt für den EDV-Einsatz.

Es soll versucht werden, alle für die EDV-Auswahl eingesetzten Kriterien an diesen Argumenten zu messen, damit auch die richtige Gewichtung dieser Kriterien erreicht, damit eine gute Entscheidungsgrundlage erarbeitet werden kann.

Das Problem der Gewichtung liegt in der Tatsache, daß hier sowohl quantitative wie qualitative Komponenten maßgeblich sind. Die Kostenreduktion läßt sich berechnen oder wenigstens abschätzen, bei der „Verbesserung des Kundenservice" ist eine zahlenmäßige Aussage schon wesentlich schwieriger.

Bei der Auswahl von EDV-Systemen wird daher oft versucht, rein formale Kriterien als Maßstab zu nehmen, weil diese einfach und plausibel zu vertreten sind. Eine Korrelation zu den oben festgelegten Grundkriterien (Kostenreduktion, Kundenservice) ist nicht mehr oder nur teilweise herzustellen.

2.2 Beurteilungskriterien

Die bei den EDV-Auswahlkriterien genannten Punkte

1. Funktionalität

2. Integration

3. Anpassungsfähigkeit

4. Qualität

5. Verfügbarkeit

6. Abhängigkeit

7. Preis/Leistung

können zu einer Kostenreduktion und bei entsprechender Organisationsverbesserung auch zu einem besseren Service am Kunden führen.

Die Reihung der Punkte stellt keine Gewichtung dar - sie dient nur zur Klassifizierung der Detailkriterien und deren Zusammenfassung.

In diesem Rahmen können nur die wichtigsten Argumente angesprochen werden.

2.2.1 Funktionalität

Erfüllungsgrad Pflichtenheft

Knockout-Punkte

80-20% Erfüllungsgrad

Stufenweise Einführung

Adaptionen

Um die besten Voraussetzungen für eine Kostenreduktion zu finden, muß vorerst geklärt werden, wie die zukünftige Ablauf-Organisation aussehen soll. Erst mit der Definition der Anforderungen des Betriebes (Pflichtenheft) gibt es eine konkrete Chance, die Abdeckung der Forderungen in den angebotenen Standardsoftware-Paketen zu überprüfen. Die Forderungen sollten in Gruppen nach dem Anteil an Kostenreduktionen gewichtet werden.

In der Erstausschreibung müssen „knock-out"-Kriterien formaler Natur vermieden werden. Welche Hardware bzw. Betriebssysteme hinter einer Applikation stecken, ist in dieser Phase sekundär. Mit solchen Kriterien wird vielleicht die Möglichkeit gewonnen, ein bereits funktionierendes System schnell einzusetzen und damit der Forderung nach Kostenreduktion optimal nachzukommen. Ebenso sind Maximalforderungen zu vermeiden.

Mit 20% der Forderungen können 80% der täglichen Arbeit verbessert, beschleunigt oder richtiger gemacht kann. Diese 20% sind die wesentlichen Forderungen.

In die erforderliche Lieferzeit muß der Bedarf an Einführungszeit einkalkuliert sein. Die Implementierung eines integrierten Systems dauert in jedem Betrieb einige Jahre. Die Einführung kann nur stufenweise erfolgen, denn Re-/Organisation, Schulung, Implementierung und Datenerfassung bzw. -überleitung belasten das Personal zusätzlich zu den normalen Aufgaben. Wenn also eines der angebotenen Produkte nicht gleich alle geplanten Bereiche abdeckt, muß das noch lange keine Katastrophe bewirken. Andrerseits besteht natürlich das Risiko, daß die noch fehlenden Teile nie fertiggestellt werden.

Obwohl die meisten der angebotenen Pakete bereits eingesetzt sind und von den Anwendern für ausreichend angesehen werden, wird es für unsere Anforderungen notwendig sein, das Paket zu adaptieren. Diese Adaptionen kostet Geld und sehr schnell mehr als die ursprünglichen Lizenzgebühren. Daher sind die Änderungswünsche auf das unbedingt Notwendige (20/80% Erfüllung) zu reduzieren und die eventuell anders gelagerten Abläufe des Standardpaketes auf Verwendbarkeit in ihrem Betrieb zu überprüfen. Nicht alles, was andere tun, ist von vornherein schlechter als eine eigene Organisationslösung. Ziel muß es sein, die Kosten der Adaptierung mit der angestrebten Kostenreduktion in Übereinstimmung zu bringen. Auf Adaptierungswünsche, die nur wenig Einsparungen bringen, ist zu verzichten.

2.2.2 Integration

Einmalige Datenerfassung

Alle Mitarbeiter haben Zugriff

Alle EDV-Funktionen haben Zugriff

Kurze Antwortzeiten

Anforderungen elektronisch

Rückmeldungen elektronisch

Eine der massivsten Einsparungsmöglichkeiten der Informationverarbeitung liegt darin, daß einmal erfaßte oder veränderte Daten bzw. erstellte Informationen allen Mitarbeitern bzw. allen anderen EDV-Funktionen, die benötigt werden, aktuell, schnell und richtig zur Verfügung stehen können.

Dies verlangt von der EDV-Lösung aber eine Integration der einzelnen Funktionen, die leider immer noch nicht in allen angebotenen Lösungen uneingeschränkt angeboten wird. Wie die Integration EDV-technisch gelöst wird, ist für den Anwender sekundär, solange die oben erwähnte Forderung erfüllt wird.

Ideal wäre natürlich eine relationale Datenbank mit integrierten Sicherheitsfunktionen und Offenheit zu anderen Systemen. Ebenso sollten verteilte Datenbanken trotzdem die Einmaligkeit der Erstellung und Veränderung zur Verfügung stellen.

Eine weitere Benutzerforderung in diesem Zusammenhang ist eine akzeptable Antwortzeit. Nur diese garantiert die Akzeptanz der ausgewählten Lösung. Eine durchschnittliche Zeit von 1-2 Sekunden bei einfachen Anfragen ist dabei durchaus ausreichend. Antwortzeit-Garantien zum Zeitpunkt der Produktauswahl sind nur selten seriös abzugeben, da die meisten Einfluß-Parameter noch nicht bekannt sind.

Weiters muß die Abwicklung einer Arbeit mit EDV-Unterstützung weniger Zeit in Anspruch nehmen als in der manuellen Durchführung oder einen wesentlichen größeren Leistungsumfang besitzen, der dem Benutzer auch evident ist.

Ein wesentlicher Faktor der Integration - und damit für Kostenreduktionen und Verbesserung im Kundenservice - im Krankenhaus ist die Möglichkeit, Aufträge an leistende Stellen elektronisch abzusetzen, deren Status zu kontrollieren und die Ergebnisse wieder elektronisch rückgemeldet zu bekommen. Wieviel Zeit und Geld geht heute beim Suchen nach Befunden, beim Warten auf Untersuchungen bzw. Behandlungen etc. verloren.

2.2.3 Anpassungsfähigkeit

    Parametrierbarkeit

    Adaptionswerkzeuge

    Abfragegenerator

    Listgenerator

    Abfragesprache

    Modularität

    Know-how zur Anpassung

Ein wichtiger Punkt der Produkt-Auswahl ist die Abdeckung der Benutzerforderungen durch die Funktionalität des angebotenen Paketes. Es gibt kein Paket auf dem Markt, das alle Forderungen und Wünsche abdecken kann.

Wie leicht nun ein Standardpaket geändert werden kann, hängt nun von der Modularität und vom Einsatz von Werkzeugen ab, die ein einfaches, schnelles Adaptieren auf die Wünsche des Kunden erlauben.

Sehr viele Pakete erlauben heute ein Parametrieren der variablen Werte und Funktionen:

- sowohl Aussehen wie Inhalt von Bildschirmanzeigen und Druckformularen können durch Benutzerangaben beliebig gesteuert werden als auch

- die Funktionalität in groben Zügen der eigenen Vorstellung angepaßt werden;

- viele variable Daten werden in Katalogen abgelegt.

Für variable Abfragen und Auswertungen stehen oft Generatoren zur Verfügung; man spart damit das Programmieren dieser Funktionen. Moderne Datenbanksysteme enthalten meist auch eine genormte Abfragesprache, mit der alle in der Datenbank zur Verfügung stehenden Daten nach beliebigen Selektionskriterien durchsucht und die Ergebnisse in der gewünschten Form angezeigt werden können.

Bei diesen Werkzeugen sind jedoch zwei Aspekte nicht zu vergessen:

- Meist verlangen diese Werkzeuge eine gute Ausbildung für die korrekte und effiziente Anwendung. Sehr oft auch gewisse Eigenschaften eines Programmierers.

- Das Kundenpersonal hat gar nicht die Zeit, sich diesen Aufgaben zu widmen, auch wenn das Können vorhanden wäre, da es ja für andere Einsätze eingestellt wurde.

Es wird ein Zugriff auf das Angebot des Lieferanten notwendig sein, um Personal für diese Arbeiten zur Verfügung zu haben. Fixpreisvertrag mit Fixtermin für die Durchführung sollte noch ausgehandelt werden.

2.2.4 Qualität

Datensicherheit

Datenschutz

Unterstützung des Arbeitsablaufes

Oberfläche

Schulung

Dokumentation

Service (Qualität, Quantität)

Die schönste Funktionalität ist zwecklos, wenn nicht die Integrität und Konsistenz der Daten durch das System gewährleistet sind. Ebenso ist vom Lieferanten die Möglichkeit des Wiederanlaufes bei Strom- bzw. Hardwarefehlern ohne Datenverluste der Datenbank in möglichst kurzer Zeit zu gewährleisten. Den Vorschriften des Datenschutzes entsprechend sind in der Applikation die erforderlichen Sperrfunktionen vorzusehen. Eine Gruppierung dieser Rechte erlaubt einfache Verwaltung.

Bei Arbeitsabläufen, die sich immer wiederholen (z.B. Aufnahme eines Patienten), ist darauf zu achten, daß der Benutzer vom Programm auf dem kürzesten Weg und mit geringstem Zeitaufwand durch die Eingabe geführt wird. Wechsel zwischen Maus- und Tastatureingaben sind zu vermeiden. Die Benutzeroberfläche soll so ausgeführt sein, daß der Benutzer nicht ermüdet und schnell die Informationen erhält, die er für seine Arbeit benötigt.

Schulung, Dokumentation und Serviceleistungen runden die Gesamtlieferung ab. Nur Firmen, die auch diese Punkte vertraglich garantieren, sind zur Auswahl heranzuziehen.

52

2.2.5 Verfügbarkeit

Liefertermin Standard

Aufwand/Zeit für Adaptionen

Kosten der Adaptionen

Wer adaptiert

Beim Vorliegen von fixen Einsatzterminen ist auf jeden Fall die Auswahl eines bereits in der Praxis eingesetzten Systems (möglichst nahe dem „Standard") zu empfehlen, das die wichtigsten der geforderten Funktionen abdeckt. Jede Änderung bzw. Erweiterung der Funktionalität enthält das Risiko einer ungeplanten Zeitverzögerung.

Ist der Einsatz eines noch nicht praxiserprobten Systems oder eine umfangreiche Adaptierung erforderlich, so sind Fixtermine vertraglich abzusichern und Verzögerungen mit einer Pönale zu belegen. Garantie für eine termingerechte Installation sind auch diese Maßnahmen nicht. Auch wenn die Installationstermine nicht zeitkritisch sind, ist eine präzise Planung der Installation und eine laufende Kontrolle unumgänglich. Terminverschiebungen kosten Geld, das in keiner Budgetplanung vorgesehen ist.

Die Aufwände für die Adaptionen sind im Rahmen eines Fixpreis-Werkvertrages zu verrechnen, wobei eine Aufteilung (2 Verträge) in Organisationsanalyse und Realisierung zu empfehlen ist. Jede Änderung der Aufgabenstellung verändert auch den Zeit- und Kostenrahmen und macht damit den Realisierungsplan intransparent. Nach Vertragsabschluß sind solche Änderungen möglichst zu vermeiden oder ganz zu unterbinden.

Dank der immer häufiger eingesetzten Parametrierungsmöglichkeiten geht ein Teil der Gestaltungsarbeit an den Funktionen auf den Anwender über. Arbeiten, die bisher vom Lieferanten durchgeführt wurden. Diese Aufwände an Zeit und Geld gehören natürlich auch in die Gesamtplanung (Personalausbildung und Einsatz) und Kostenkalkulation einbezogen, ebenso eine eventuelle Übertragung dieser Tätigkeit an den Lieferanten oder einen Dritten.

2.2.6 Abhängigkeit

Hardware

Systemsoftware

Datenbank

Netzwerk + Applikation = Partnerschaft

Die angeblich so große Freiheit der „offenen Systeme" endet exakt mit der Unterschrift des Gesamtvertrages und infolge werden dann die nächsten fünf bis zehn Jahre Lieferanten abhängig sein. Zum Unterschied zu früher, nicht nur mit einem, sondern mit mehreren; was die Sache nicht unbedingt vereinfacht.

Keinen „Gegner", sondern einen Partner wählen, der aufgrund seiner Kompetenz und Leistungsfähigkeit eine vertragskonforme Realisierung für ein gemeinsames Projekt verspricht.

2.2.7 Preis/Leistung

Hardware, Systemsoftware, Datenbank, Netzwerk

Installation

Applikation laut Standard

Adaptionen

eigene Mitarbeit

Installation

Implementierung

Datenüberleitung

Schulung, Dokumentation

Bei den Auswahlkriterien ist das Preis/Leistungsverhältnis der Maßstab für alle anderen Kriterien. Ich habe hier versucht, die wichtigsten Gruppen an Kosten zusammenzustellen. Erst alle gemeinsam ergeben die Grundlage für einen objektiven Kostenvergleich.

Zu beachten ist, daß schon die Gruppe Hardware, Systemsoftware, Datenbank- und Netzwerksoftware nur eine Anfangsinvestition ist, der je nach Ausbau weitere Ausgaben folgen. Nur ein langfristiger EDV-Ausbauplan erlaubt eine vergleichende Kalkulation der verschiedenen Anbote. Es ist natürlich zu erwarten, daß gerade in diesem Bereich die Preise weiter fallen werden. Gerade bei Netzwerken sind die Installationskosten ein gewichtiger Teilbetrag, der bei jeder Erweiterung wieder anfällt.

Der Vergleich der Standardpaket-Preise gestaltet sich mühsam, da meist verschiedene Funktionen verschieden gebündelt werden. Wesentlich ist aber der Gesamtpreis inklusive Adaptionen. Wie schon erwähnt, können die Kosten für die Adaptionen und für die Mitarbeit der eigenen Mitarbeiter an diesen ein Mehrfaches des Paketpreises ergeben. Eine exakte Spezifikation der Aufgabenstellung und klare vertragliche Vereinbarungen mit allen Konsequenzen sind hier eine unabdingbare Voraussetzung für ein erfolgreiches Projekt.

Mit einbezogen in die Preiskalkulation gehören die Installation der Applikationssoftware vor Ort (Dezentralisierung!), die Übernahme bereits vorhandener Daten, die Schulung, Dokumentation und die Erfassung der notwendigen Stammdaten (Kataloge,..). Viele dieser Kosten sind in der Auswahlphase nur schätzungsweise oder überhaupt nicht bekannt. Dieses Faktum hat schon manches EDV-Einführungsprojekt zum Scheitern verurteilt. Nur eine fortlaufende, begleitende Projektkontrolle über Qualität, Zeit und Kosten sichert ein erfolgreiches Projekt.

3. Zusammenfassung

Erfüllung der vereinbarten Aufgaben

Bestes Preis/Leistungsverhältnis

Gesamtqualität des Anbieters

Einhaltung des Zeitplanes

Einhaltung des Kostenplanes

=Zufriedenheit des Kunden

Zusammenfassend sei gesagt, daß wie bei jedem anderen Einkauf, der auf eine Kostenreduktion und eine Verbesserung des Kundenservice optimiert ist, die Erfüllung der vertraglich vereinbarten Aufgaben unter Einhaltung des Zeit- und Kostenrahmens das Wichtigste ist. Nur unter diesem Ziel wird eine Zufriedenheit beim Benutzer und beim Kunden insgesamt erreichbar sein. Nur dann sind die gesteckten Ziele einer Kostenreduktion und einer Verbesserung des Kundenservice erfüllt.

Literatur

DeMarco, T.: Software-Projektmanagement, wie man Kosten, Zeitaufwand und Risiko kalkulierbar plant. Wolfram's Fachverlag, Attenkirchen, 1989.
Faustenhammer, A.: Strategien bei der Auswahl von EDV-Systemen für Krankenhäuser. ADV-Tagungsband: Krankenhaustagung 10./11.Mai 1993.
Schreiber, J.: Beschaffung von Informatikmitteln, Kriterien-Pflichtenheft-Bewertung. Verlag Paul Haupt, Bern u. Stuttgart 1991.

Lean Health Care Management

W. Tauber
UNISYS Österreich
Wien, Österreich

KURZFASSUNG

Im Sommer 1993 stellte UNISYS Schweiz einem kleinen Kreis von Spitalfachleuten erstmals Lean Health Care Management vor. Das neue Konzept umfaßt ein breites Leistungs- und Serviceangebot sowie eine offene und in der Praxis mehrfach bewährte EDV-Gesamtlösung für Spitäler, Kliniken und Heime.

1. Lean Management

Die Komplexität der vertikalen und horizontalen Abläufe bei der Leistungserbringung stellt für jedes Krankenhausmanagement eine ständige Herausforderung dar.

Moderne Management-Theorien zeigen unter dem Schlagwort "Lean Production" vielversprechende neue Wege auf, um Abläufe zu optimieren.

Obwohl im medizinischen und pflegerischen Bereich, dem Wandel der Zeit entsprechend, ständig Optimierungen erfolgten, blieben Administration und Verwaltung von diesem Wandel vielfach unberührt. Dabei beinhalten gerade die administrativen Abläufe ein großes Optimierungspotential.

In Anlehnung an die Grundsätze von "Lean Production" sind mit den richtigen organisatorischen Maßnahmen, wie

- Verbesserung des Informationsflusses

- Verkürzung der Entscheidungswege

- Reduktion von Liegezeiten von Ergebnissen

- Raschere Durchlaufzeiten von Patienten

Optimierungen in der Administration möglich.

Bei der Realisierung dieser Maßnahmen kommt der Informatik eine entscheidende Bedeutung zu.

Es ergibt sich ein Anforderungsprofil an ein integriertes Krankenhaus-Informations-System, das folgende Kriterien in den Mittelpunkt stellt:

- weitgehende Integration der einzelnen Anwendungen

- Verknüpfung der Prozesse und Dokumente

- Unterstützung der Kommunikation.

UNISYS hat diese Bedürfnisse erkannt und entwickelt Software in diese Richtung weiter. Besonders zwei Begriffen kommt bei „Lean Management" besondere Bedeutung zu:

Workflow-Management und Groupware

1.1 Workflow-Management

Unter Workflow-Management versteht man die Unterstützung des Arbeitsflusses, in dem Informationen von Arbeitsstufe zu Arbeitsstufe weitergeleitet und damit verbundene Aktivitäten ausgelöst werden. Das System spielt die aktive Rolle und führt den Benutzer. Ein Beispiel für die Workflow-Funktionalität ist die Aufnahme eines Patienten und die vordefinierte Folge der Aktivitäten bis zur Entlassung.

1.2 Groupware

Unter Groupware versteht man Lösungen, die es definierten Arbeitsgruppen ermöglichen, miteinander zu kommunizieren und auf gemeinsame Datenbestände zuzugreifen. Der Benutzer übernimmt die aktive Rolle, trifft die Entscheidungen, wird jedoch durch Systemfunktionen unterstützt.

Typische Groupware-Funktionen stellen Arztbriefschreibung und Therapieplanung dar. Bei der Erstellung einzelner Befunde kommen Workflow-Funktionen zum Einsatz, bei der Erstellung des Arztbriefes wird zu Groupware-Funktionen übergegangen. Für eine effiziente Therapieplanung werden komplexe Planungsfunktionen, die der Groupware zuzuordnen sind, eingesetzt.

2. OPALE - Ein Lean Health Care Konzept

Im Zentrum des Lean Health Care Management Konzeptes von UNISYS steht OPALE, eine offene, in enger Zusammenarbeit mit Fachleuten entwickelte EDV-Gesamtlösung für Spitäler, Kliniken und Heime. Lean Health Care Management sorgt für Transparenz, unterstützt die Optimierung von Betriebs- und Arbeitsabläufen und schafft die zur Realisierung eines schlanken (lean) Managements notwendigen Voraussetzungen.

OPALE bietet den Anwendern ein breites Spektrum von Anwendungen und Entscheidungshilfen und schließt Leistungsbereiche wie Patientenadministration, Labor, Röntgen, Apotheke, OP sowie die Planung und Disposition von Personal, Maschinen und Räumen mit ein. Alle relevanten Daten werden laufend erfaßt und stehen der Fakturierung jederzeit zur Verfügung.

OPALE stellt den Patienten ins Zentrum der Anwendung. Sämtliche erbrachten Leistungen vom Eintritt des Patienten bis zur Entlassung werden in Patientendossiers erfaßt und stehen autorisierten Personen wie Ärzten und Pflegepersonal jederzeit zur Verfügung.

Die einzelnen Module können parametergesteuert jederzeit neuen Bedürfnissen angepaßt und erweitert werden. Der Zugriff auf die Daten erfolgt über kontext-sensitive Felder, über die alle Einträge abrufbar sind.

Das Leistungsangebot im administrativen Bereich wird ergänzt durch Debitoren-, Kreditorenverwaltung, Finanzbuchhaltung, Kostenrechnung sowie Statistik. Ergänzende Bausteine zur Optimierung der Büroautomation sind vorgesehen.

Es stehen folgende Module zur Verfügung

Patientenadministration

Dieses Modul ist das Werkzeug für die Aufnahme der Patienten und die Verwaltung ihrer administrativen Daten. Darin enthalten sind Voranmeldungen, Fallzuteilungen und Bettenreservierungen. Dieses Modul unterstützt die Leistungsstellen bei der Erstellung der notwendigen Unterlagen. Die erfaßten Daten sind Bestandteil der Leistungserfassung und fließen direkt in die Fakturierung ein.

Finanzwesen

Das Kernstück bildet die Finanzbuchhaltung. Diese umfaßt eine Leistungs- und Kostenrechnung nach VESKA sowie eine Kostenkontrolle, welche die Funktion eines Soll-Ist-Vergleiches bietet. Eine übersichtliche und schnelle Auswertung für das Controlling ist so jederzeit möglich. Die Kreditorenbuchhaltung enthält eine Zahlungsvorschlagsliste. Der Umsatz wird jeweils pro Lieferant ausgewiesen. Die Debitorenbuchhaltung ist direkt mit dem Mahnwesen verbunden.

Lager/Apotheke

Die Verwaltung von Medikamenten und Verbrauchsartikeln erfolgt über die Lagerverwaltung. Dieses Modul enthält auch ein Verwaltungsprogramm und bietet eine umfassende Übersicht der Lagerbestände. Die Verbindung von Lieferanten und Artikelstämmen erlaubt eine automatisierte Abwicklung des Bestellwesens.

Anlagennutzung

Das Modul Anlagennutzung ist vor allem für die Bewirtschaftung der Installationen und Apparate gedacht. Es gibt auch Aufschluß über die Nutzung des Inventars zu dessen Bewirtschaftung. Abschreibungen werden ebenfalls berücksichtigt.

3. Zusammenfassung

OPALE ist eine Client/Server-Lösung, die auf UNIX und MS-DOS/Windows basiert. Entwickelt wurde OPALE mit PROGRESS, einer offenen 4GL-Sprache, die dem SQL und dem X/Open-Standard entspricht. Die Architektur unterstützt alle gängigen Netzwerke wie Ethernet, Token-Ring, NOVELL. Eine automatische Migration von Daten anderer Systeme ist damit jederzeit möglich.

OPALE, das in drei Sprachversionen verfügbar ist, ist bereits in über 20 Kliniken, Spitälern und Krankenheimen im Einsatz. Es eignet sich für den Einsatz in kleinen wie auch in großen Spitälern.

Strategische Informationssystemplanung (SISP) für Krankenhäuser

J. Lindermayr
Abteilung Betriebswirtschaft und EDV-Planung
Vamed Engineering
Wien, Österreich

KURZFASSUNG

Moderne Informations- und Kommunikationstechnologien haben einen wesentlichen Einfluß auf die Effektivität und Effizienz eines Krankenhauses. Nur eine konzeptive EDV-Gesamtplanung vor der Durchführung von EDV-Einzelprojekten erlaubt es jedoch, umfassende, benutzerspezifisch aber dennoch integrierte Krankenhausinformationssysteme zu erarbeiten und nachfolgend schrittweise zu implementieren, die den ständig wachsenden Anforderungen an die Krankenhäuser auch gerecht werden können.

1. Die strategischen Anforderungen an ein Krankenhausinformationssystem

1.1 Die strategische Bedeutung von Entscheidungen über Krankenhausinformationssysteme (KIS)

Eine strategische Bedeutung kommt Entscheidungen dann zu, wenn sie nachhaltig, maßgeblich und umfassend die Leistungsbereitschaft und die Leistungsfähigkeit eines Krankenhauses beeinflussen, von großer finanzieller Tragweite und in der Regel daher irreversibel sind.

Sämtliche Merkmale treffen auf umfassende EDV-Entscheidungen zu, die wesentliche Bereiche eines Krankenhauses betreffen.

Die folgenden Bereiche haben einen großen Einfluß auf die Konzeption, Auswahl und Implementierung eines umfassenden KIS:

(1) Gesundheitssystembezogene Entwicklungstendenzen

(2) Positiver Einfluß moderner Informations- und Kommunikationstechnologien auf Effektivität und Effizienz eines Krankenhauses

(3) Der aktuelle Stand von Krankenhausinformationssystemen (KIS) in österreichischen Krankenhäusern

1.2 Gesundheitsbezogene Entwicklungstendenzen des Gesundheits- und Krankenhauswesens

Folgende Entwicklungstendenzen des Gesundheitswesens sind bei einem SISP zu berücksichtigen:

1.2.1 Das Gesundheits- und Krankenhauswesen ist extrem informationsintensiv

Schätzung sprechen von ca. 2-3 GB Jahresproduktion eines Krankenhausbetts allein an Röntgendaten!

1.2.2 Die Nachfrage nach medizinischen Leistungen wächst ständig quantitativ und qualitativ

Quantitatives Wachstum: aufgrund einer Verschiebung der Bevölkerungspyramide, Überalterung, Komorbiditäten etc.

Qualitatives Wachstum: Anspruchshaltung der Patienten an die medizinischen Leistungserbringer steigt aufgrund entsprechender Informationen in den Medien.

1.2.3 Die Gesundheitsinstitutionen verspüren einen ständig stärker werdenden Kostendruck und Wettbewerb

Steigender Kostendruck: einerseits bedingt durch das oben erwähnte quantitative und qualitative Wachstum der Nachfrage, andererseits verursacht durch die zunehmenden Finanzierungsprobleme der öffentlichen Hand, Sozialversicherungsträger etc.

Der Wettbewerb: zwischen den Gesundheitseinrichtungen wird nach Einführung einer leistungsorientierten Abgeltung von Krankenhausleistungen der Wettbewerb zunehmen (vor allem bei den Privatpatienten).

1.2.4 Die Notwendigkeit der Integration biomedizinischer Geräte nimmt ständig zu

Bei den neuen digitalen bildgebenden Verfahren (z.B. CT, MRI, US, etc.) liegen die Daten bereits in digitaler Form vor. Ihre Einbindung in umfassende KIS wird immer mehr - vor allem von medizinischer Seite - gefordert.

1.3 Der Einfluß moderner Informations- und Kommunikationstechnologien auf die Leistungsfähigkeit eines Krankenhauses

Die große Bedeutung von KIS aus der Sicht der betroffenen Krankenhäuser ergibt sich durch die maßgebliche Einflußnahme der EDV-Unterstützung auf fast alle wesentlichen Bereiche eines Krankenhauses, die in der Abb.1 ersichtlich sind:

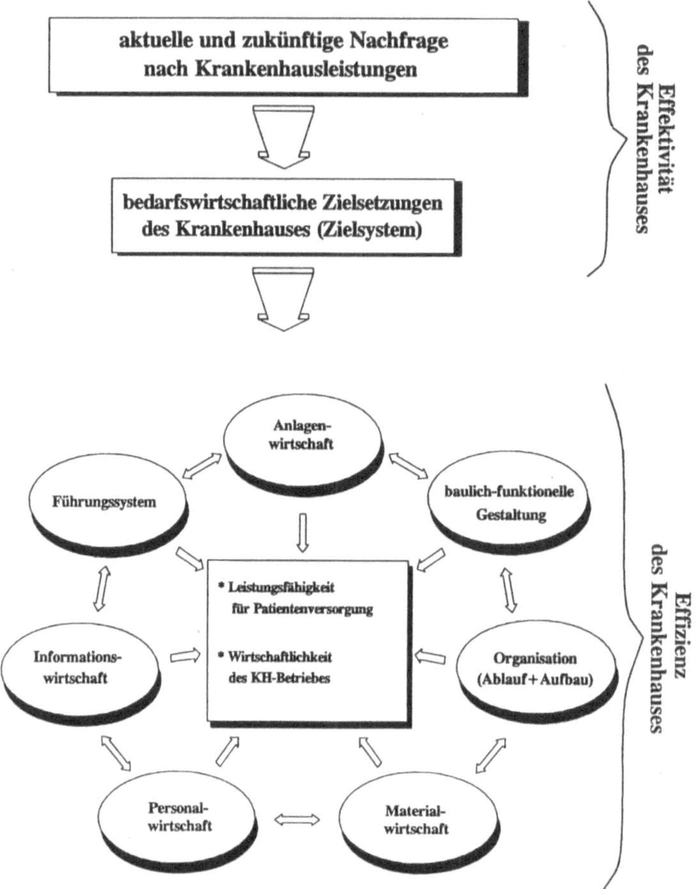

Abb.1: Wesentliche Einflußgrößen der Leistungsfähigkeit eines Krankenhauses

Sämtliche für die Leistungsfähigkeit eines Krankenhauses verantwortlichen Bereiche, die bedarfswirtschaftlich geforderten Versorgungsleistungen für die Patienten vorzuhalten und zu erbringen, werden mehr oder weniger stark von einem KIS beeinflußt.

Eine SISP umfaßt daher:

*   Entscheidungen über die zukünftige EDV-Ausstattung des Krankenhauses - mit Netzwerkinfrastruktur, Hardware und Software

*   Entscheidungen über die gesamte zukünftige Organisation des Krankenhauses, unterteilt in Aufbau- und Ablauforganisation

* Entscheidungen über die zukünftige Leistungserstellung (Art und Effizienz der Arbeitsabläufe, Prozeßqualität) und teilweise auch über das Leistungsprogramm (Art und Effektivität des Leistungsprogrammes)

* Entscheidungen über mögliche Führungskonzeptionen des Krankenhauses (Realisierung moderner Managementkonzeptionen, wie z.B. Management by Objectives, Management by Delegation, Management by Exception, Management by Incentives)

Aufgrund dieses großen und nachhaltigen Einflusses von KIS-Entscheidungen auf wesentliche Leistungsbereiche des Krankenhauses besitzen diese strategische Bedeutung und sind daher entsprechend systematisch und umfassend zu planen und zu implementieren.

1.4 Der aktuelle Stand von Krankenhausinformationssystemen (KIS) in österreichischen Krankenhäusern

Der aktuelle Stand von Krankenhausinformationssystemen (KIS) in österreichischen Krankenhäusern ist durch die folgenden Merkmale gekennzeichnet:

* Schwerpunkt in administrativen Bereichen

* nur Teillösungen in medizinischen und pflegerischen Bereichen vorhanden

* größtenteils noch veraltete Hard- und Software-Technologien im Einsatz (Zentralrechnerkonzept, zeichenorientierte Applikationen etc.)

* nicht integrierte Systeme (Insellösungen)

Die Beseitigung dieser Schwachstellen und eine adäquate Adressierung der neuen Herausforderungen erfordert eine konzeptive EDV-Gesamtplanung vor der Durchführung von EDV-Einzelprojekten.

1.5 Folgerungen für eine KIS-Konzeption und für KIS-Auswahlentscheidungen aufgrund der strategischen Bedeutung

Als wichtige Folgerungen für die Planung und Implementierung eines umfassenden KIS, aufgrund der dargestellten strategischen Bedeutung von KIS-Entscheidungen, ergeben sich:

* Involvierung der gesamten Krankenhausleitung und des zuständigen Krankenhausträgers in den gesamten Entwicklungs-, Auswahl- und Implementierungsprozeß erforderlich (Machtpromotoren)

* Umfassende und gründliche Vorbereitung und Durchführung der Planung der KIS-Gesamtkonzeption vor der Durchführung von EDV-Einzelprojekten in Form einer Strategischen Informationssystemplanung (SISP) - näheres siehe Kapitel 2

* Multidisziplinär besetztes Projektteam (Fachpromotoren) mit möglichst einem „Generalisten" als Projektleiter

* Sicherung der Akzeptanz der Betroffenen durch weitreichende Einbindung bzw. Mitarbeit (partizipatives System-Design)

* Auswahl eines strategisch potenten Partners für die Realisierung

    *   grundsätzlich Einsatz von am Markt vorhandener Standardanwendungssoftware

Hinsichtlich der weiteren zu beachtenden technischen Aspekte und Trends in der Medizin-Informatik siehe Kapitel 2 - Strategische Informationssystemplanung.

    *   Implementierung des als verbindlich akzeptierten Strategischen Informations-systemplanes für das Krankenhaus in einzelnen - überschaubaren - Schritten durch ein professionelles Projektmanagement

    *   Sicherung der Akzeptanz der Betroffenen durch ein entsprechendes Management of Change (Schulungsmaßnahmen, Informationswesen, projektbegleitende und unterstützende Maßnahmen)

2. Strategische Informationsplanung

Im Rahme einer sogenannten Strategischen Informationssystemplanung (SISP) ist es möglich, umfassende und ganzheitliche innovative Strategien zu erarbeiten und schrittweise zu implementieren. Die wichtige lenkende und steuernde Stellung des strategischen Informationssystemplanes für die nachfolgende schrittweise Implementierung in Form von Einzelprojekten zeigt die Abb. 2.

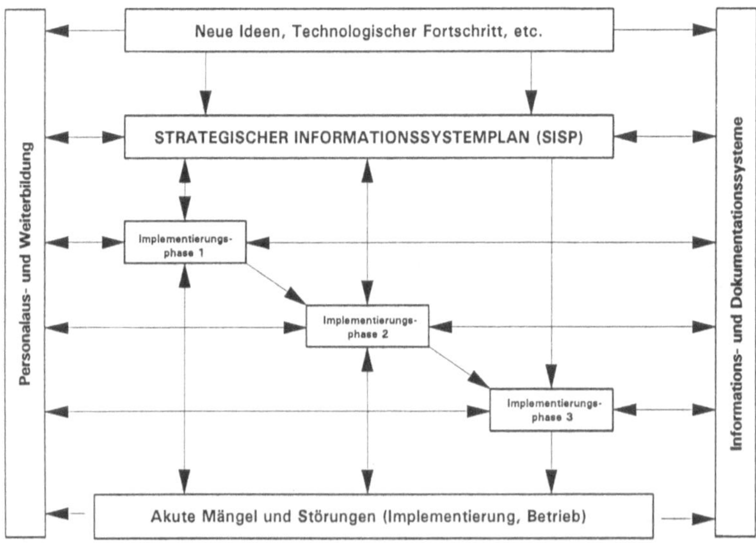

Abb.2: Erstellung und schrittweise Implementierung eines SISP

2.1 Hauptaufgaben einer solchen SISP sind

    *   die Definition der IS-Ziele, entsprechend der jeweiligen definierten Kranken-hausstrategie

* Festlegung einer aufgabengerechten IS-Architektur und von Strategien hinsichtlich wichtiger IS-Komponenten (Hardware, Software, Standards etc.)
* Zusammensetzung eines aufgaben- und benutzergerechten IS-Portfolios (Applikationsbereiche) unter Berücksichtigung integrativer und implementierungstechnischer Aspekte.

Wichtig bei einer Strategischen Informationssystemplanung sind vor allem
* ein umfassender und ganzheitlicher Planungsansatz (Einbeziehung aller wesentlichen Arbeitsbereiche; Berücksichtigung medizinisch-pflegerischer, technischer, wirtschaftlicher, rechtlicher und sozialer Gesichtspunkte beim System-Design)
* integriertes und partizipatives System-Design
* Realisierung einer zweckentsprechenden weitgehend offenen und modularen Systemarchitektur
* Berücksichtigung von Sicherheitsaspekten bereits in der Planungsphase
* entsprechendes Management of Change

Implementierung in überschaubaren Schritten: Die definierten Kernsystemmodule eines umfassenden und integrierten KIS können nach entsprechender Akzeptierung durch die Krankenhausverantwortlichen schrittweise realisiert werden.

Realisierung eines integrierten KIS: Bei einer umfassenden EDV-Systemneueinführung kommt der horizontalen und vertikalen Integration der Applikationen große Bedeutung zu. Für die vertikale Integration der Applikationen sind eine logisch einheitliche Datenhaltung mit einem relationalen Datenbanksystem (mit dem Patienten im Mittelpunkt) sowie die Verwendung von Standardschnittstellen auf allen Ebenen von Bedeutung. Die Abb. 3 zeigt die beiden zu verfolgenden Integrationsrichtungen.

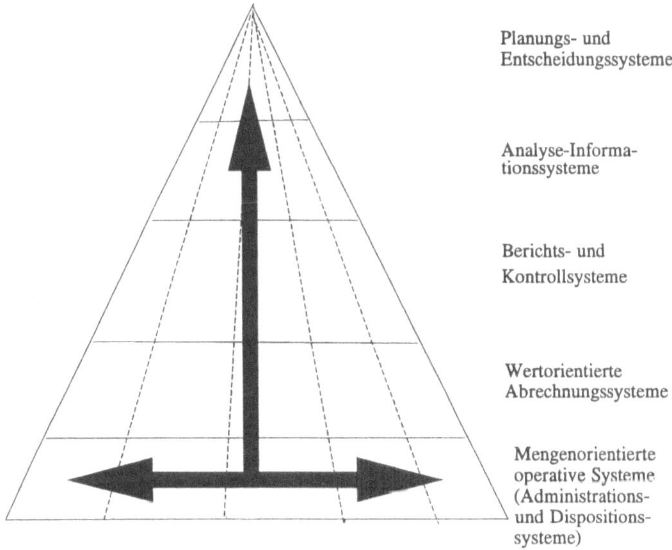

Abb.3: Integrierte Informationssysteme

64

Offene, verteilte, modulare und betriebssichere KIS realisieren (Client-/Server-Architektur, Intelligenz am Arbeitsplatz)

Nur durch offene und vollständig integrierbare dezentrale Systeme kann der Anforderungsvielfalt und den zukünftigen Anforderungen adäquat begegnet werden.

Da dezentrale Systeme jedoch im nachhinein EDV-technisch nur sehr kostenaufwendig und semantisch fast überhaupt nicht mehr integriert werden können, ist es erforderlich, bei umfassenden KIS-Neuplanungen im Informationstechnologie(IT)-Bereich eine Strategie der offenen Systeme zu wählen, zur Sicherstellung der EDV-technischen Integration, und langfristig ausgerichtete konzeptionelle Überlegungen einer schrittweisen Implementierung voranzustellen, um eine semantische Datenintegrität zu erreichen.

Im Kommunikationsbereich bedeutet dies vor allem die Beachtung der ISO-OSI-Standards auf allen Protokollschichten, auf Betriebssystemebene eine POSIX- bzw. XPG4-Konformität und bei Datenbanken die Berücksichtigung der SQL2-Norm.

Auf Applikationsebene ist das wesentlichste Kriterium vor allem die Berücksichtigung der aktuellen Standardisierungsbemühungen im medizinischen Bereich (siehe nächsten Punkt) und das Einhalten von Interfaces (Schnittstellen), die exakt definiert sein müssen, um den Austausch von Produkten und Daten zu ermöglichen.

Berücksichtigung medizinischer Standards

Strikte Beachtung der weltweiten Standardisierungs- und Harmonisierungsbemühungen - nicht nur auf dem bereits erwähnten EDV-technischen Bereich - sondern vor allem auch im medizinischen Bereich (Nomenklatur, Terminologie, Klassifikationen etc.), die für den europäischen Raum besonders durch CEN/TC 251 vorangetrieben wird.

Einsatz moderner Standardanwendungssoftware

Grundsätzlich gilt, daß die SW-Architektur Priorität hat vor der Hardware.

Moderne Standardanwendungssoftware ist vor allem durch folgenden Merkmale gekennzeichnet:

- Client-/Server-Architektur

- modularer Aufbau und modulare Einsetzbarkeit (unter Berücksichtigung entsprechender Normen und Schnittstellen)

- grafische Benutzeroberflächen

- Beachtung entsprechender Normen und Schnittstellen

- Portabilität und Skalierbarkeit.

Die Abwicklung und Realisierung einer Strategischen Informationssystemplanung

erfolgt zweckmäßigerweise anhand eines Phasenschemas analog der Abb. 4

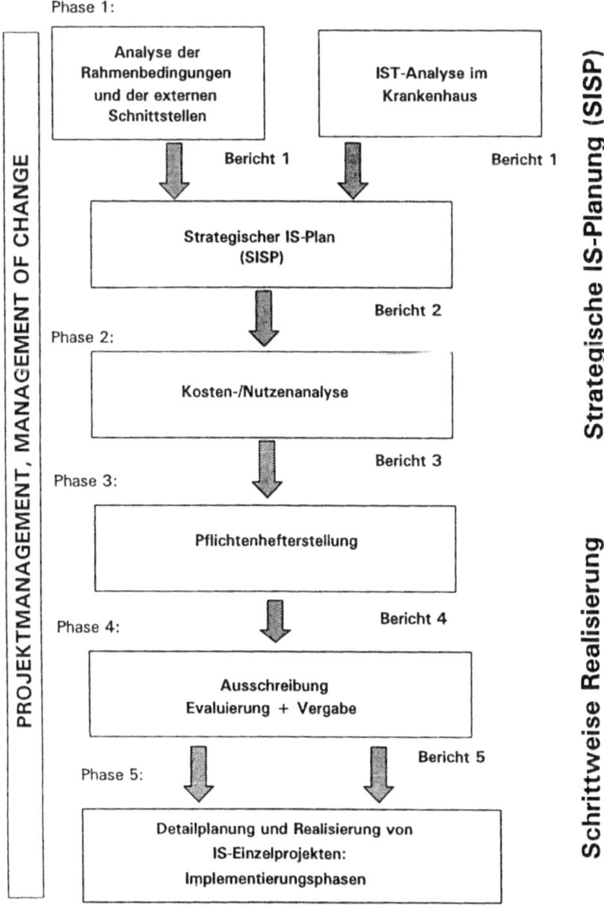

Abb.4: Phasen einer SISP

EDV und Krankenpflege

B. Presenhuber
A. ö. Landeskrankenhaus Enns
Enns, Österreich

KURZFASSUNG

In der Krankenpflege werden die sehr umfangreichen Unterstützungsmöglichkeiten der EDV bis heute nur in sehr geringem Ausmaß genutzt. Es wird daher als vordringliches Ziel betrachtet, die technischen Möglichkeiten der EDV verstärkt zur Unterstützung der ständig zunehmenden administrativen Arbeiten im Pflegebereich sowie der Arbeitsorganisation und der prozeßhaften Pflege einzusetzen. Besondere Nutzungsmöglichkeiten für die Krankenpflege werden aber in der Unterstützung der Pflegedokumentation, der Erfassung und der Bewertung pflegerischer Leistungen gesehen. Durch den sinnvollen und gezielten Einsatz der EDV in der Pflege könnte eine effizientere Ressourcennutzung und zudem beim Pflegepersonal eine höhere Arbeitszufriedenheit erreicht werden.

1. Einleitung

Die nachfolgenden Ausführungen sollen sich mit der derzeitigen Situation der EDV-Nutzung der Pflege- und Stationsbereiche auseinandersetzen. Es soll der Versuch unternommen werden, einige Möglichkeiten des EDV-Einsatzes in der mittelbaren, aber besonders auch in der unmittelbaren Pflege darzustellen. Dabei sollen auch verschiedene Vorteile, die sich aus einer umfassenden und sinnvollen Nutzung einer EDV-Unterstützung für die Pflege ergeben können, beleuchtet werden. Es soll die Bereitschaft beim Pflegepersonal geweckt werden, sich den Anforderungen, die sich aus dem Einsatz der EDV sicherlich ergeben werden, zu stellen. Vor allem soll aber auch aufgezeigt werden, daß durch eine umfassende EDV-Nutzung zeitliche Freiräume für das Pflegepersonal geschaffen werden können. Die so gewonnene Zeit könnte wieder für eine verstärkte Hinwendung zum Patienten und für die direkte Pflege genutzt werden. Es würde so auch ein immer wieder vorgebrachtes Argument gegen die EDV in der Pflege, daß sie die Pflegenden immer weiter von den Patienten entferne, entkräftet werden.

2. Heutiger Stand einer EDV-unterstützten Pflege

Die Nutzungsmöglichkeiten der elektronischen Datenverarbeitung haben sich in den letzten Jahren entscheidend vermehrt. Zudem wurde die Bedienerfreundlichkeit der EDV so weiterentwickelt, daß ihre Anwendung auch für technisch nicht besonders geschulte Personen weitgehend problemlos möglich wurde.

Es ist eine Tatsache, daß es kaum einen anderen Bereich in unserer so technikorientierten Gesellschaft gibt, in dem die elektronische Datenverarbeitung so unterschiedlich genutzt wird, wie in den üblicherweise mit Hochtechnologie ausgestatteten Krankenhäusern. Dabei ist auch verwunderlich, daß in den Verwaltungsbereichen der Spitäler doch bereits etwa 75 % der Aktivitäten EDV-gestützt ablaufen, im ärztlichen Bereich hingegen die EDV-Unterstützung erst zu ca. 10 % und im Pflegebereich gar nur zu ca. 5 % genutzt wird. Zu der nur knapp 5%-igen EDV-Nutzung der Pflegebereiche muß angeführt werden, daß sich diese auch fast ausschließlich auf die besonders technikintensiven Intensivstationen beschränkt. Hier werden die Möglichkeiten der EDV-Unterstützung in erster Linie für Überwachungs- und Therapiesysteme genutzt. In den Arbeitsalltag der Pflege in den Stationen und Funktionsbereichen hat die EDV bis heute noch kaum Eingang gefunden. Es wurden wohl auch in diesen Bereichen erste Ansätze getätigt, doch haben sich diese durchwegs nur auf die Bereiche der Patientenadministration sowie der Speisen- und Sachgüteranforderung und vereinzelt auch auf medizinische Leistungsanforderungen beschränkt.

Es wurden in den letzten Jahren von verschiedenen Seiten immer wieder Versuche und Anstrengungen unternommen, in den Stationsbereichen EDV-Arbeitsplätze zu installieren. Da sich diese Angebote aber fast ausschließlich auf die Unterstützung der Administration beschränkten, wurde sie vom Pflegepersonal wegen der „Pflegeferne" eigentlich meist abgelehnt. Heute werden aber auch vermehrt Softwarelösungen entwickelt und angeboten, die die unmittelbare und mittelbare Pflegearbeit unterstützen. Dennoch ist das Pflegepersonal bis heute nur sehr zaghaft bereit, sich dieser neuen Technologie zu nähern bzw. nimmt sogar meist eine Abwehrhaltung zur EDV ein. Es wird dabei immer wieder damit argumentiert, daß Schwestern und Pfleger am Patienten pflegen wollen. Sie haben ganz offensichtlich Angst davor, daß sich die Technik zwischen sie und die Patienten schieben könnte und sich so ihre Tätigkeiten noch weiter von den Patienten entfernen. Diese Argumente müssen aber durch eine umfassende Information entkräftet werden. Es müssen endlich das „Feindbild Computer" beim Pflegepersonal abgebaut und die umfangreichen Chancen, die in der EDV für die Pflege liegen, deutlich und für alle verständlich dargestellt werden.

3. Einsatzmöglichkeiten der elektronischen Datenverarbeitung in der mittelbaren und unmittelbaren Pflege

Aus den Möglichkeiten einer EDV-Unterstützung in der Pflege ergeben sich eine ganze Reihe von Fragen.

> In welchen Tätigkeitsbereichen der Pflege könnte die EDV-Unterstützung aber eine sinnvolle Entlastung des Pflegepersonals bringen?

> Wie könnte durch den Einsatz der EDV eine Entlastung des Pflegepersonals erreicht werden?

> Kann die EDV-Unterstützung Verbesserungen in den Abläufen der Pflegearbeit bringen?

> Könnte sich aus einer sinnvollen EDV-Nutzung nicht sogar die Arbeitssituation der Pflegekräfte verbessern und so die Arbeitszufriedenheit steigern lassen?

Um hier aber eine breite Akzeptanz durch die Pflegenden erreichen zu können, wird es vordergründig notwendig sein, daß die pflegerischen Führungskräfte rasch ihre Scheu vor diesen neuen Technologien ablegen und sich mit den Möglichkeiten und Problemen einer EDV-Unterstützung in ihren Bereichen auseinandersetzen. Fortschritte bei der EDV-Nutzung in den Pflegebereichen werden sich erst dann einstellen, wenn die Leitungen der Pflegedienste die technische Ausstattung der Stationen und Funktionsbereiche mit Nachdruck betreiben, die Schulung des Pflegepersonals im Umgang mit der elektronischen Datenverarbeitung forcieren und durch ihr persönliches Verhalten die Mitarbeiterinnen und Mitarbeiter zum EDV-Einsatz motivieren.

Möglichkeiten einer EDV-Unterstützung in den Pflegebereichen

- Durch die Installierung von EDV-Arbeitsplätzen in den Stations- und Funktionsbereichen, und einer krankenhausweiten Vernetzung, könnte eine Menge administrativer Arbeit vom Pflegepersonal genommen werden;

- Durch eine EDV-Vernetzung würde die Koordination der verschiedenen pflegerischen, diagnostischen und therapeutischen Maßnahmen deutlich erleichtert werden. Eine Optimierung der Arbeitsabläufe führt dazu, daß die immer wieder entstehenden Wartezeiten in Funktionsbereichen (z.B. Röntgen, Endoskopie usw.) für die Patienten, aber auch für das Pflegepersonal minimiert werden;

- Es könnte die Umsetzung einer prozeßhaften Pflege durch eine EDV-Unterstützung entscheidend leichter erreicht werden. Das Pflegepersonal würde durch spezielle Pflegeprogramme Schritt für Schritt durch den Pflegeprozeß geführt und es könnten damit auch alle Teilbereiche des Pflegeprozesses sinnvoll zueinander in Beziehung gebracht werden;

- Durch die EDV wäre es problemlos möglich, alle Patientenstammdaten von der Krankenhausverwaltung (Patientenaufnahme) direkt zu übernehmen. Dadurch könnten Doppel- oder Dreifacherfassungen vermieden werden. Der Weg der Patienten würde sich durch die EDV-unterstützte Hinzufügung des Erstgespräches, der Erfassung der Pflegeprobleme auf der Basis von stationsspezifischen Pflegeplänen, der Festlegung der Pflegeziele und der daraus resultierenden Pflegeplanung auf Grundlage von Pflegestandards, des Pflegeberichtes und des Entlassungsgespräches als umfassende Pflegedokumentation darstellen lassen. Diese umfassende Dokumentation könnte bei der Entlassung des Patienten als Ausdruck der Krankengeschichte beigefügt werden und wäre somit auch für nicht EDV-gestützte Bereiche (z.B. Hauskrankenpflege, Heimhilfen ...) verfügbar;

- Sie würde durch die in einem speziellen Pflegeprogramm festgelegten, auf die Bedürfnisse der unmittelbaren Pflegebereiche abgestimmte Pflegepläne und Pflegestandards erleichtern. Mit solchen Pflegeplänen könnte die Pflege standardisiert, aber für jeden Patienten individuell geplant und jederzeit nachvollziehbar durchgeführt werden. Pflegepläne und Pflegedokumentation würden so auch ein Meßinstrument für die Qualität der Pflege darstellen;

- Es würde die Datenerfassung und -auswertung zur Feststellung der pflegerischen Leistungen durch die EDV-Unterstützung der Pflegedokumentation automatisiert und dadurch lückenlos dargestellt werden. Durch eine EDV-Unterstützung des Pflegeprozesses würde der Pflegeverlauf, der sich aus der Pflegeplanung ableitende Pflegebedarf (die prospektive Festlegung der geplanten Pflegeleistungen und des dafür erforderlichen Pflegezeitbedarfes) und der effektiv erbrachte Pflegezeiteinsatz (retrospektive Dokumentation der erbrachten Pflegeleistungen) über den gesamten Pflegezeitraum festgestellt werden.

4. Vorteile einer umfassenden EDV-unterstützten Pflege

- Es stünden alle Patientenstammdaten, die üblicherweise bei der Patientenaufnahme in den Aufnahmekanzleien erfaßt werden, den Ärzten und dem Pflegepersonal in den Stations- und Funktionsbereichen, ohne zusätzlichen Arbeitsaufwand, sofort zur Verfügung und könnten auch direkt in die Pflegedokumentation übernommen werden;

- Daten von früheren stationären Aufenthalten wären ohne lange Suchaktionen in den Archiven (diese müssen meist vom Pflegepersonal erledigt werden), die zudem außerhalb der

Regeldienstzeiten meist nicht besetzt sind, sofort und jederzeit verfügbar. Es würde sich durch die Übernahmemöglichkeit dieser Daten eine neuerliche Datenerfassung erübrigen bzw. müßten diese Daten immer nur aktualisiert werden;

- Durch die Hinterlegung von Pflegeplänen und Pflegestandards könnte sofort die Planung der Pflege, genau auf die individuellen Bedürfnisse der Patienten abgestimmt, durchgeführt werden. Es könnte bereits bei der Pflegeplanung der zur Durchführung der Pflegemaßnahmen erforderliche Pflegezeitbedarf festgestellt und der sich daraus ableitende Pflegepersonaleinsatz darauf abgestimmt werden. Durch diese prozeßhafte Pflege würden sich zudem die pflegerischen Dienstübergaben reibungsloser und ohne Daten- und Informationsverluste gestalten. Die Durchführung der geplanten Pflege und die Verfolgung der Pflegeziele würde transparenter und stets überprüfbar werden;

- Durch die EDV-Unterstützung der Pflegedokumentation (hier in erster Linie durch den Einsatz bettseitiger Erfassungssysteme) könnte festgehalten werden, welche der geplanten Pflegemaßnahmen, wann und von welcher Pflegeperson erbracht wurden. Damit wäre ein laufender SOLL-IST-Vergleich zwischen Pflegeplanung und erbrachten Pflegeleistungen möglich. Die permanente Gegenüberstellung von Pflegeplanung und erbrachten Pflegeleistungen auf der Basis standardisierter Pflegepläne könnte von den pflegerischen Führungskräften sehr gut zur Argumentation für die erforderliche Pflegepersonalausstattung (Stellenpläne) herangezogen werden. Es wäre hier vor allem die Darstellung der Minusabweichung des Pflegezeitbedarfes zum Pflegezeiteinsatz möglich. Zeigt sich hier zum Beispiel über einen längeren Zeitraum eine gravierende Negativdifferenz zwischen geplantem Pflegezeitbedarf und effektiv erbrachtem Pflegezeiteinsatz, muß davon ausgegangen werden, daß

  - geplante Pflegemaßnahmen überhaupt nicht durchgeführt werden konnten;
  - Pflegemaßnahmen nicht im vollen Umfang erbracht werden konnten;
  - die Qualität der pflegerischen Leistungen eingeschränkt werden mußte;

- Durch eine umfassende Leistungsdokumentation und die sich daraus ergebende rasche Reaktionsmöglichkeit auf Therapie-, Pflege- oder Maßnahmenänderungen würde die Verfolgung der festgelegten Pflegeziele und die Sicherung der Pflegequalität wesentlich erleichtert bzw. sichergestellt. Die EDV-Unterstützung sollte die Grundlage für ein patientenorientiertes Pflegemanagement und einen effizienten Ressourceneinsatz im Bereich der Pflege ermöglichen;

- Durch eine EDV-Vernetzung mit allen Teilbereichen der Krankenhäuser könnten Anforderungen von Leistungen aus anderen Bereichen (z.B. Menüanforderungen, Anforderungen von Medikamenten und Verbrauchsgütern, aber auch von diagnostischen, therapeutischen oder pflegerischen Fremdleistungen) ohne größeren administrativen Aufwand (Ausfüllen von Anforderungsscheinen, Zuweisungsscheinen etc.) zeitsparend und rasch durchgeführt werden. Es könnte die zeitliche Koordination der Durchführung von diagnostischen, therapeutischen und pflegerischen Maßnahmen besser und für alle transparent gestaltet werden. Untersuchungs- oder Behandlungsergebnisse stünden allen Leseberechtigten ohne „Papierkrieg" und „Postwege" sofort zur Verfügung. Besonderheiten könnten optisch hervorgehoben und mit der Notwendigkeit der Bestätigung hinterlegt werden. Es würden damit auch Informationsverluste durch Übergaben etc. vermieden werden;

- Durch entsprechende Sicherungsmaßnahmen (Paßwörter usw.) könnte ein hohes Maß an Sicherheit im Sinne des Datenschutzes gewährleistet werden. Es wäre aber die sofortige und zeitlich unbeschränkte Verfügbarkeit der Daten für alle Berechtigten sichergestellt. Bei den derzeitigen Formen der Patientendatenverwaltung und -dokumentation ist ein umfassender Datenschutz nicht leicht realisierbar. Verschiedene Daten sind zudem außerhalb der Regeldienstzeiten meist nur schwer erreichbar;

- Alle erbrachten pflegerischen Leistungen würden EDV-unterstützt in der Pflegedokumentation erfaßt. Der dafür erforderliche Pflegezeiteinsatz würde mit Hilfe der den einzelnen Leistungen zugeordneten Zeitwerte sofort errechnet. Daraus würde kontinuierlich der Pflegezeiteinsatz für jeden Patienten, über die gesamte Zeit seines stationären Aufenthaltes, errechnet und würde auch laufend in Bezug zu seiner Erkrankung und Pflegebedürftigkeit gestellt werden. Daraus ließe sich auch ein repräsentativer durchschnittlicher Pflegezeitbedarf den verschiedenen Diagnosen zuordnen. Im Rahmen der zu erwartenden leistungsbezogenen Vergütung der Krankenhausleistungen wird diesem Punkt in Zukunft sicher eine besondere Bedeutung zukommen. Bei Einführung der „Fallpauschalen" wird sicher der ärztliche Dienst sofort wissen, wie hoch der Ärzteanteil an der Vergütung zu sein hat. Für die Verwaltungen wird es ebenfalls kein Problem darstellen, ihren Vergütungsanspruch sofort zu definieren und anzumelden. Wird aber auch die Pflege, die sicherlich einen ganz großen Leistungserbringer für die Patienten darstellt, in der Lage sein, ihre Ansprüche sofort darzulegen, entsprechend zu untermauern und auch einzufordern? Ohne EDV-Unterstützung werden die Pflegebereiche sicher nicht in der Lage sein, die zur Durchsetzung der sicherlich berechtigten Forderungen notwendigen Daten sofort zur Hand zu haben. Können diese pflegerischen Leistungsdaten aber nicht sofort bereitgestellt werden, wird die Pflege sicherlich weiter auf Vergütungen angewiesen bleiben, die ihr der ärztliche Bereich und die Verwaltung freiwillig zugestehen. Wird dies aber zur weiteren Sicherung der Pflegequalität und zu einer menschlichen Gestaltung der Pflege ausreichen?

- Durch eine entsprechende technische Ausstattung der Stations- und Funktionsbereiche, Vernetzung aller Krankenhausbereiche, die Installierung pflegespezifischer Anwenderprogramme (die bedienerfreundlich und für jede Pflegekraft verständlich gestaltet sein müssen) und eine intensive Schulung des Pflegepersonals könnte die Angst vor der elektronischen Datenverarbeitung abgebaut und die Akzeptanz durch die Pflegenden aufgebaut werden. Durch eine umfassende und vernünftige Nutzung der EDV-Unterstützung in der Pflege bei der Erfüllung der administrativen Aufgaben, des Pflegeprozesses, der Leistungsanforderung und -koordination, der Pflegedokumentation und der Erfassung der Pflegeleistungen würde der Arbeitsablauf im Bereich der Pflege entscheidend erleichtert werden. In weiterer Zukunft könnte sogar die „Papierfreiheit" in den Krankenhäusern realisiert werden. Bei voller Wahrung der Individualität der Patienten könnte die Pflege standardisiert, überprüfbar und nachvollziehbar werden. Eine umfassende Erfassung und Transparenz der Pflegeleistungen, bei sehr rascher Verfügbarkeit aller erforderlichen Daten, wäre eine globale Darstellung der Pflege zeitgerecht möglich. Die Tätigkeiten und die daraus resultierenden Ansprüche der Pflege könnten jederzeit nachvollziehbar dargestellt werden. Es wäre damit die Grundlage zur Feststellung des der Pflege zustehenden Vergütungsanspruches im Rahmen einer fallbezogenen Leistungsvergütung geschaffen.

- Zeit (durch die Möglichkeiten einer effizienteren Gestaltung der Arbeitsabläufe in der Pflege, den Wegfall von langen Informationswegen, eine exakte und klare Pflegeplanung, eine einfach zu führende Pflegedokumentation usw.) könnte den Patienten bei direkten Pflegehandlungen und einer verbesserten Kommunikation wieder zur Verfügung gestellt werden. Damit würden sicher die Möglichkeiten der menschlichen Zuwendung zu den Patienten aufgewertet und daraus würde wieder eine höhere Arbeitszufriedenheit des Pflegepersonals resultieren.

5. Zusammenfassung

Es ist sicher, daß sich durch einen sinnvollen Einsatz der elektronischen Datenverarbeitung für die Pflege eine Reihe neuer Möglichkeiten ergeben. Dabei wird auch nicht übersehen, daß es vorerst noch viele Vorurteile des Pflegepersonals gegen einen EDV-Einsatz in der Pflege abzubauen gilt. Die Auseinandersetzung mit dieser Technologie stellt an das Pflegepersonal sicherlich viele zusätzliche Anforderungen, wird sich aber in nächster Zeit mit Sicherheit nicht vermeiden lassen. Die pflegerischen Führungskräfte müssen hier aber als Motivatoren tätig werden. Die aus einer EDV-Nutzung erwachsenden Vorteile, wie zum Beispiel den Wegfall durch die entscheidende Vereinfachung der Administration, wird üblicherweise vom Pflegepersonal nicht besonders geliebt. Es muß dargestellt und klar vermittelt werden, daß die Vorteile eines EDV-Einsatzes die daraus dem Pflegepersonal erwachsenden Belastungen mehr als nur ausgleichen. Durch die EDV würde es aber auch erstmals möglich werden, die pflegerischen Leistungen durchgehend zu erfassen, zu bewerten und für alle transparent darzustellen.

Die Ergebnisse dieser Leistungserfassung und -darstellung würden auch die Einforderung des der Pflege zustehenden Anteiles bei der zu erwartenden Vergütung nach „Fallpauschalen" ermöglichen.

Das Pflegepersonal wird sich sicher nicht länger dieser neuen, sicher auch faszinierenden Technologie verschließen können.

Es wird an den Krankenhauserhaltern liegen, die technischen Voraussetzungen (Hardware- und Softwareausstattung, Vernetzung) für einen zweckmäßigen EDV-Einsatz im Bereich der Pflege zu schaffen. Die Grundbedingung für eine entsprechende Akzeptanz und sinnvolle Nutzung der EDV durch das Pflegepersonal ist eine gründliche Schulung des Pflegepersonals (die sicher bereits in den Krankenpflegeschulen beginnen muß). Es wird auch eine Führungsaufgabe der Pflegedienstleitungen sein, dem Pflegepersonal die sich aus einer EDV-Nutzung ergebenden Vorteile klar und verständlich darzulegen, alle Pflegekräfte aktiv an der Mitgestaltung der EDV zu beteiligen und zu einer sinnvollen Nutzung zu motivieren.

Auch für die Pflege bleibt die Zeit nicht stehen, immer mehr Leistungen bei gleichbleibenden oder oft sogar sinkenden Ressourcen werden gefordert und immer höhere Ansprüche an eine Optimierung der Arbeitsorganisation im Pflegebereich gestellt. Es ist somit auch eine Pflege gefordert, die alle technischen Möglichkeiten zur Verbesserung der Arbeitsabläufe und der Arbeitsbedingungen nutzt.

Zusammenarbeit zwischen stationären und mobilen Diensten

E. Fenninger
Niederösterreichische Volkshilfe,
Landessozial- und Wohlfahrtsverein
Wien, Österreich

KURZFASSUNG

Die Arbeit beschäftigt sich mit der Zusammenarbeit zwischen stationären und mobilen Diensten. Die Sichtweise der Betrachtung ist einerseits die des Patienten und andererseits vor allem die einer Organisation, die mobile Dienste durchführt. Diese sollen nun kurz vorgestellt werden.

1. Einleitung

Die Niederösterreichische Volkshilfe ist ein landesweiter Verein, der 1978 begonnen hat, soziale und sozialmedizinische Dienste aufzubauen. Bei einem Stand von über 90 Sozialstationen, flächendeckend in ganz Niederösterreich, wird Hauskrankenpflege, Altenhilfe und Heimhilfe angeboten.. Eine Sozialstation besteht aus einem Team von diplomierten KrankenpflegerInnen, AltenhelferInnen sowie HeimhelferInnen und wird von einer/einem diplomierten KrankenpflegerIn geleitet. Die Niederösterreichische Volkshilfe beschäftigt rund 670 MitarbeiterInnen, monatlich werden zur Zeit 2.200 PatientInnen betreut, wofür im vergangenen Jahr über 460.000 Einsatzstunden aufgewendet wurden.

Zur Organisationsstruktur: die Zentrale, mit derzeitigem Sitz in Wien, hat die Planung, Verwaltung und Organisation zu bewältigen. Der sozialmedizinische Dienst wird von einer diplomierten Krankenschwester geleitet, jedes Viertel Niederösterreichs wird von einer/einem RegionalleiterIn betreut. Die Sozialstationen werden - wie schon erwähnt - von diplomiertem Personal geleitet. Die Administration für die Sozialstationen eines Bezirkes obliegt einer Bezirkssekretärin. Die Niederösterreichische Volkshilfe bietet auch eine neue Form der Betreuung: die Kurzzeitpflege, die für Patienten gedacht ist, die nach der Entlassung aus dem Krankenhaus nicht sofort wieder allein in ihrer Wohnung sein können, bzw. für pflegende Angehörige, die einmal „Urlaub von der Pflege" machen möchten. Beraten werden auch Gemeinden bei der Errichtung von Sozialzentren, in denen ältere Menschen einen würdigen Lebensabend mit einem maximalen Ausmaß an Selbstbestimmung verbringen können. Zu diesem Thema hat die Niederösterreichische Volkshilfe ein „Handbuch für die Errichtung von Sozialzentren" herausgegeben.

Wie die demographischen Erhebungen zeigen, steigt die Zahl der älteren Menschen in unserer Gesellschaft auch in den nächsten Jahrzehnten weiter an. Dies hat zur Folge, daß immer mehr Personen sowohl der sozialen als auch der medizinischen Betreuung bedürfen. Als eine Organisation, die versucht, diese notwendigen Dienste anzubieten, erleben wir diese Entwicklung in der Praxis hautnah. Als Beleg dafür möge eine Zahl dienen: die Einsatzstunden sind vom Jahr 1992 auf das Jahr 1993 um 35 Prozent gestiegen.

Es ist die Herausforderung des zu Ende gehenden Jahrtausends, der älteren Generation ein lebenswürdiges Altwerden zu ermöglichen sowie die Not der kranken und behinderten Menschen zu lindern. Eine Gesellschaft wird daran gemessen, wie sie mit den schwächsten Mitgliedern umgeht. Wir haben alles daran zu setzen, eine neue Solidarität aufzubauen.

Es soll versucht werden, aufgrund der verschiedensten Beiträge eine ganzheitlichere Sicht der Probleme zu bekommen und damit neue Lösungen zu finden.

2. Die Betroffenen

Erstens ist der Mensch als Ganzes zu betrachten und nicht nur der Patient oder die Anteile, die an ihm krank sind. Es drückt sich diese Gepflogenheit oft schon im gängigen Sprachgebrauch aus: „Der Blinddarm von Zimmer Nr. 7, der Schlaganfall von Nr. 9". Die neue medizinische und pflegerische Betreuung muß den ganzen Menschen in den Mittelpunkt rücken und vor allem versuchen, mit den gesunden Teilen an ihm die Krankheit zu besiegen. Zweitens gibt es nicht nur den Patienten im Krankenhaus oder den Patienten in der mobilen Betreuung oder im Pflegeheim, sondern den Menschen, der eine maßgeschneiderte Betreuung braucht, somit mehrere Betreuungsformen durchläuft, um zu gesunden bzw. chronische Erkrankungen erträglich zu machen.

Was heißt das konkret? Das Denken der Behandelnden muß einerseits den Menschen als Ganzes sehen und darf andererseits nicht an den Mauern des Krankenhauses oder der Sozialstation haltmachen. Eine optimale Betreuung im Sinne des Betroffenen erfordert, mit den Betroffenen mitzudenken. Für das traditionelle Gesundheitssystem stellt dieser Ansatz eine Umwälzung dar. Ein Paradigmenwechsel ist erforderlich, um die Probleme bewältigen zu können.

3. Die Behandelnden

Beim ersten Hinhören erweckt das über den eigenen Bereich Hinausdenken Ängste, da die Ärzte, Krankenschwestern und Pfleger ohnedies überbelastet sind und wird als ein noch Mehr an Arbeit und Zeitaufwand empfunden. Bei näherer Betrachtungsweise allerdings muß festgestellt werden, daß es aufgrund der zuwenig vorhandenen Koordination zwischen den einzelnen Betreuungssystemen große Reibungsverluste gibt. Das Klagen darüber tritt sowohl im stationären als auch im mobilen Bereich auf. Durch geplante und zielgerichtete Koordination kann es zu einer Optimierung der Ressourcen und zu einer Entlastung der Beteiligten kommen.

4. Konkrete Maßnahmen

Zum einen werden die Patienten im mobilen als auch im stationären Bereich erfaßt und die Behandlungen in einer Pflegeplan-Dokumentation festgehalten. Zum Beispiel erfaßt die Niederösterreichische Volkshilfe neben den allgemeinen Daten des Patienten seine Bezugspersonen, die betreuende Krankenpflegerin sowie den behandelnden Arzt. Daran gegliedert befinden sich Anamnese und Pflegeverlauf des behandelnden Arztes. Täglich werden die Indikationen protokolliert und der Verlauf des Zustandes und der Pflege aufgezeichnet. Bei Aufnahme in ein Krankenhaus findet oft keine Übergabe dieser umfangreichen Aufzeichnungen über den Krankheitsverlauf statt und sie müssen von neuem erhoben und mühsam erarbeitet werden. Das gleiche trifft bei der Entlassung des Patienten in die häusliche Pflege zu.

Eine weitere Schwachstelle ist die nicht oder ungenügend vorhandene Kommunikation der Pflegepersonen. In den seltensten Fällen wird einer Sozialstation zeitgerecht bekanntgegeben, daß ein Patient entlassen wird. Somit kann sich das mobile Team weder auf die zukommende Betreuung vorbereiten noch die Rahmenbedingungen für eine optimale häusliche Pflege schaffen. Resultat: ein ungeheurer Zeit- und Arbeitsaufwand für die Sozialstation bzw. Verzögerung in den Belangen des Patienten.

Neben den konkreten Schwierigkeiten muß noch darauf hingewiesen werden, daß es notwendig ist, neue Betreuungsformen zu entwickeln und die Krankenhäuser zu entlasten bzw. den Betroffenen optimal zu helfen. Stichwörter dazu: Übergangspflege, Kurzzeitpflege, Urlaub von der Pflege. Das Wissen um die Probleme der Betroffenen hat niemand mehr als jene, die in der stationären oder mobilen Betreuung tätig sind. Darum ist es notwendig, interprofessionell und gemeinsam fehlende Angebote zu entwickeln, einzufordern und umzusetzen.

4.1 Ökonomische Faktoren

Das Gesundheitssystem steht auch und vor allem in finanzieller Hinsicht am Prüfstand und die Finanzierbarkeit zur Diskussion. Faktoren wie die, daß der Mensch länger lebt und damit ein Mehr an medizinischer Betreuung braucht, können das nicht beeinflussen. Auch haben die Medizin, die Vorsorge, die sozialen Errungenschaften die Erreichung eines höheren Lebensalters bewirkt.

Allerdings gibt es Faktoren, die wir beeinflussen können und die zu einer Kostenersparnis führen. Trotzdem werden die insgesamten Kosten steigen, weil die Zahl der zu Behandelnden permanent im Steigen begriffen ist. Daher müssen neue Formen, die effizienter sind, eingeführt werden. Datenübertragung, rechtzeitige Information über Entlassungen, Entwicklung von neuen Betreuungsformen, die weniger kostspielig sind als Krankenhausbetten. Alle kennen das Leid von Angehörigen, deren Familienmitglied vor der Entlassung steht, die aber selbst nicht in der Lage sind, dieses zu betreuen. Ein Pflegeplatz oder eine Übergangspflege ist nicht vorhanden, daher bitten die Angehörigen, daß der Patient noch im Krankenhaus verbleiben kann, obwohl dies medizinisch nicht mehr erforderlich ist. Nur ein Umdenken im Sinne von besserer Zusammenarbeit zwischen stationären Einrichtungen und mobilen Diensten kann einen Vorteil für alle Beteiligten bringen.

4.2 Maßnahmen zur Verbesserung der Zusammenarbeit durch den mobilen Dienst

Die Niederösterreichische Volkshilfe führt - wie schon erwähnt - umfangreiche Pflegedokumentationen und möchte diese den stationären Einrichtungen zur Verfügung stellen. In der Zusammenarbeit mit dem behandelnden praktischen Arzt gibt es in dieser Frage kaum mehr Probleme. Der Grund dafür ist das Engagement der Praktiker, die von unseren Fachkräften unterstützt und damit von Routinearbeiten entlastet werden.

Zusammenarbeit kann nur dann entstehen, wenn man weiß, wann und wo der Partner erreichbar ist. Aus diesem Grund wurde die Anzahl der Sprechstunden in den Sozialstationen nach Maßgabe der finanziellen Mittel erhöht und versucht, diese durch Informationsblätter möglichst bekannt zu machen. Gleichzeitig werden die SozialstationsleiterInnen mit Handtelefonen ausgerüstet, um die Erreichbarkeit zu erhöhen.

Eines der wesentlichsten Projekte ist, daß das EDV-System umgestellt, neu entwickelt und ausgebaut wird. Das heißt, daß in den Bezirken und Sozialstationen Computer installiert werden, die mit der Zentrale über ISDN verbunden werden. Diese Entwicklung soll nicht nur die interne Kommunikation verbessern und den Administrationsaufwand minimieren, sondern auch von den stationären Einrichtungen genutzt werden können. Die Daten der betreuten Patienten - vor allem die der Pflegeplan-Dokumentation - können dann auf direktem Weg anderen Einrichtungen wie etwa den Krankenhäusern übermittelt werden.

Die Daten müßten nicht neu aufgenommen werden und den Betreuenden würden zusätzlich Informationen zugute kommen, die sie bis dato - wenn überhaupt - nur durch mühsames und langwieriges Erfragen bekommen konnten. Diese Kommunikationsform soll nicht zum „gläsernen Menschen" oder zu Datenmißbrauch führen, sondern ohne Zeitverzögerung zu einer optimalen Betreuung. Dieser Weg sollte keine Einbahn sein, sondern auch offen sein, wenn der Patient das Krankenhaus wieder verläßt.

Über den Weg der EDV wäre es möglich, schon einige Zeit vor einer geplanten Entlassung der Sozialstation bekanntzugeben, wann jemand entlassen wird, und mit Zustimmung des Patienten die notwendige Informationen weiterzugeben. Dadurch wird es für die SozialstationsleiterInnen möglich, die Dienste vorbereitend einzuteilen. Wenn erforderlich, bleibt genügend Zeit, notwendige Vorkehrungen in der Wohnung des vor der Entlassung stehenden Patienten zu treffen sowie notwendige Heilbehelfe anzuschaffen. Selbstverständlich soll diese Vernetzung auch Einrichtungen wie Übergangspflege und Kurzzeitpflege miteinschließen.

5. Zusammenfassung

Zum Abschluß soll auf die in Diskussion befindlichen integrierten Sozial- und Gesundheitssprengel eingegangen werden. Wie bekannt, tritt die WHO sowie viele ExpertInnen im Sozial- und Gesundheitswesen für die Schaffung solcher Sprengel ein. Die Idee ist, daß in einer Region - je nach Infrastruktur - 10.000 bis 20.000 Einwohner in einem Sozial- und Gesundheitssprengel zusammengefaßt werden. Die Aufgaben solcher Sprengel sind, die Zusammenarbeit zwischen den bestehenden Einrichtungen zu verbessern, individuelle, auf den Betroffenen zugeschnittene Pflegearrangements zu entwickeln, die weißen Flecken der Sozial- und Gesundheitslandkarte zu erfassen, also Bedürfnissen zu entsprechen, die durch bestehende Einrichtungen nicht gedeckt werden können, und konkrete Lösungsvorschläge zu erarbeiten.

In Niederösterreich wurde ein Gesetz beschlossen, wonach Sozial- und Gesundheitssprengel zu bilden sind, allerdings auf Bezirksebene. Das führt dazu, daß die Bezirkshauptmänner Sitzungen eines sogenannten Sozial- und Gesundheitssprengels leiten, wo bis zu 80 Personen, zusammengesetzt aus Bürgermeistern, Gemeindevertretern und sozialen Einrichtungen beraten. Aus der Einwohneranzahl als auch der im Sozialsprengel Mitwirkenden geht hervor, daß diese Form nie effizient sein kann, noch den Betroffenen Hilfe zukommen läßt. Es erscheint wichtig, daß es zu einer Verkleinerung der Sozialsprengel kommt, die nicht mehr als den genannten Einwohnerkreis umschließt, und ein/e SozialkoordinatorIn die genannten Aufgaben übernimmt. Dies könnte ein Beitrag sein, um neben der verbesserten direkten Zusammenarbeit von einzelnen Einrichtungen eine insgesamte Verflechtung der im Sozial- und Gesundheitsbereich Tätigen zu gewährleisten.

Anforderungen an Krankenhaus-EDV-Systeme aus der Sicht der Verwaltung

K. Binder
A. ö. Krankenhaus Gmünd
Gmünd, Österreich

KURZFASSUNG

Der stete Fortschritt im komplexen Krankenhausbetrieb und das daraus resultierende, immer schneller wachsende Volumen an Daten, Fakten, Wissen und Erfahrungen sowie Änderungen in den Strukturen und in der Finanzierung zwingen die im Krankenhaus Verantwortlichen, neue Wege der Daten- und Informationsverarbeitung zu beschreiten. Die Forderung nach einem gesamtbetrieblich orientierten und integrierten EDV-System ist unabdingbar.

1. Informationsanalyse

In den österreichischen Krankenhäusern ist der Automatisierungsgrad im Bereich der Information und Kommunikation im Vergleich zu anderen Dienstleistungs-, aber auch zu Produktionsbetrieben noch relativ gering. Die meisten besitzen zwar sogenannte computergestützte Krankenhausinformationssysteme, bei genauerer Betrachtung sind es aber bestenfalls Lösungen im klassischen wirtschaftlich-administrativen Bereich. Automatisierte Lösungen im Bereich der Medizin, aber auch im Bereich der Pflege sowie im Bereich der Technik sind meist nur ansatzweise und als Insellösungen zu finden (Abb. 1). Das gleiche gilt für eine Kommunikation mit dem extramuralen Bereich. Hier gibt es ebenfalls nur vereinzelt Lösungen, die sich vorwiegend im wirtschaftlich-administrativen Bereich bewegen (Banken, Krankenkassen, KRAZAF).

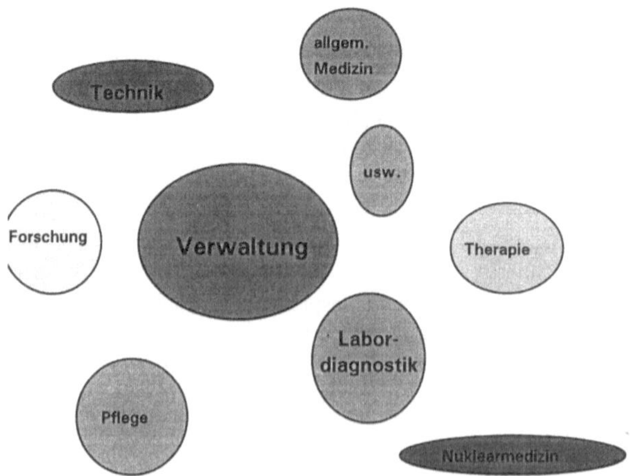

Abb.1: Aktueller Stand der Automatisierung

Nachdem das Produkt der Dienstleistung eines Krankenhauses primär die Verbesserung des Gesundheitszustandes oder Heilung der Krankheit des bzw. der betreuten Patientinnen und Patienten ist, ergibt sich zwangsläufig, daß EDV-Systeme, die nur Aufgaben für die Administration erfüllen, also reine Verwaltungslösungen, für Krankenhäuser unzureichend sind. Daraus resultiert folgendes Ziel:

2. Zielsetzung

Nicht nur innerbetrieblich spielt die Vernetzung der einzelnen Teilkomponenten des Krankenhauses eine zunehmend größere Rolle, auch überregional wird und muß es zwischen den Spitälern sowie auch zwischen Spitälern und anderen Gesundheitseinrichtungen zu Vernetzungen kommen, die, unterstützt durch eine entsprechende Technologie, einen breiten Informationsaustausch im medizinischen Bereich, pflegerischen Bereich, wirtschaftlichen Bereich und technischen Bereich ermöglichen (Ingruber, 1992), um die humanitären Bedingungen für Patienten zu verbessern, die Arbeitsbedingungen für das Personal zu verbessern, die Versorgungsqualität im Bereich Diagnostik, Therapie, Pflege und Hotelleistung zu sichern, die vorhandenen Ressourcen besser zu nutzen, eine bessere Vergleichbarkeit der Leistungen zu erreichen, schneller über Informationen zu verfügen bzw. zusätzliche zu erhalten, Kennzahlen ermitteln zu können, einen Informationsaustausch mit dem extramuralen Bereichen zu erreichen sowie die Wirtschaftlichkeit zu steigern.

Auf Grund der sich daraus ergebenden Notwendigkeiten sowie der technischen Entwicklung kann bei der Planung eines EDV-Einsatzes aus ökonomischer Sicht nur die Forderung nach einem gesamtbetrieblich orientierten und integrierten System sein. Bislang vernachlässigte Bereiche wie Controlling, Qualitätssicherung und strategische Planung erlangen ebenfalls immer mehr Bedeutung und unterstreichen diese Forderung. Der Bedarf und die Intensität der Verknüpfung interner und externer Bereiche wird von der Größe, Organisation, Struktur, vom Versorgungsgrad, aber auch von der Lage des einzelnen Krankenhauses abhängen und kann individuell aussehen, wobei ein gewisser Grundstandard in jedem Haus unumgänglich ist.

Bislang präsentierten sich die meisten Systeme nach Abb. 2:

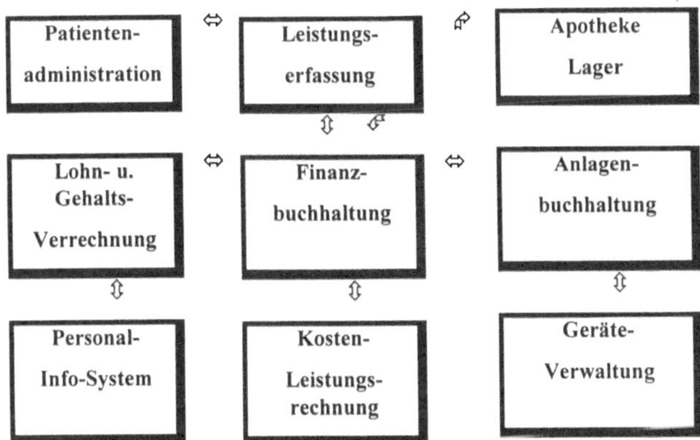

Abb.2: Integriertes Krankenhausinformationssystem

Zentraler Punkt ist die Finanzbuchhaltung, in die - oder aus der - Daten transferiert wurden. Viele solcher Systeme sind noch in unseren Krankenhäusern im Einsatz. Sie sollen auch nicht verurteilt werden, da sie meist aus der Pionierzeit der EDV im Krankenhaus stammen und gute Dienste geleistet haben. Sie basieren aber eindeutig auf einer überholten Philosophie sowie meist auf der Soft- und Hardwaretechnologie der vorigen Rechnergeneration. Leider gibt es noch immer EDV-Anbieter, die diese propagieren.

Ein künftiges System, das der Autor persönlich als **QUalitätssicherungs-, Informations-, Controlling- und Kommunikationssystem (QUICK)** bezeichnen möchte, sollte unabhängig von einer Hardware- und Betriebssystemsoftware-Plattform folgende Philosophie verfolgen:

3. Anforderungsprofile

3.1 Anwendersoftware

Im Mittelpunkt einer wabenförmigen Struktur steht, wie auch sonst im Krankenhaus, der Patient, sowohl ambulant als auch stationär. Alle anderen Bereiche, wie Befundschreibung, Pflegedokumentation, medizinische Abteilungssysteme sowie Verwaltung, sind in dieser Patientendatenbank integriert. Eine Verknüpfung mit bildgebenden Einrichtungen besteht.

In der Datenbank sind Informationen für den Zugriff auf Bildmaterial, die auf optischen Platten (WORM = Write Once Read Multiple oder ROD = Rewritable Optical Disc) hinterlegt sind, vorhanden. Um diese Bereiche sind die extramuralen Einrichtungen, wie z. B. Rechtsträger, Krankenkassen, Fachärzte, praktische Ärzte, Soziale Dienste, Pflege- und Therapieeinrichtungen, Lieferanten, Banken, Abteilungen der Landesregierung, KRAZAF, Ministerien, externe Wissensdatenbanken, Postdienste wie BTX etc., angeordnet, die sowohl Anfrager, Mitteiler oder Angefragter sein können.

Eine Erweiterung im Wabenbausteinsystem ist jederzeit möglich, alles selbstverständlich unter strengster Berechtigungskontrolle für den Zugriff. Hiezu ergeht auch der Auftrag an den Gesetzgeber, die notwendigen Datenschutzrechte neu zu definieren.

Auf die erforderlichen Programme und Funktionen der einzelnen Teilbereiche, einschließlich dem wirtschaftlichen Bereich wird in dieser Arbeit nicht näher eingegangen. Im Normalfall sollten diese Anforderungen in einem Pflichtenheft definiert werden und können auf Grund unterschiedlicher Prioritäten mehr oder weniger ausgeprägt sein.

Im Bereich der physikalischen Schnittstellen und der Datenprotokolle wird auf die international verwendeten Standards verwiesen (z. B. ISO: International Standards Organization, IEEE: Institute of Electrical and Electronics Engineers, CCITT: Comité Consultatif International Télégraphique et Téléphonique), die unbedingt beachtet werden sollten.

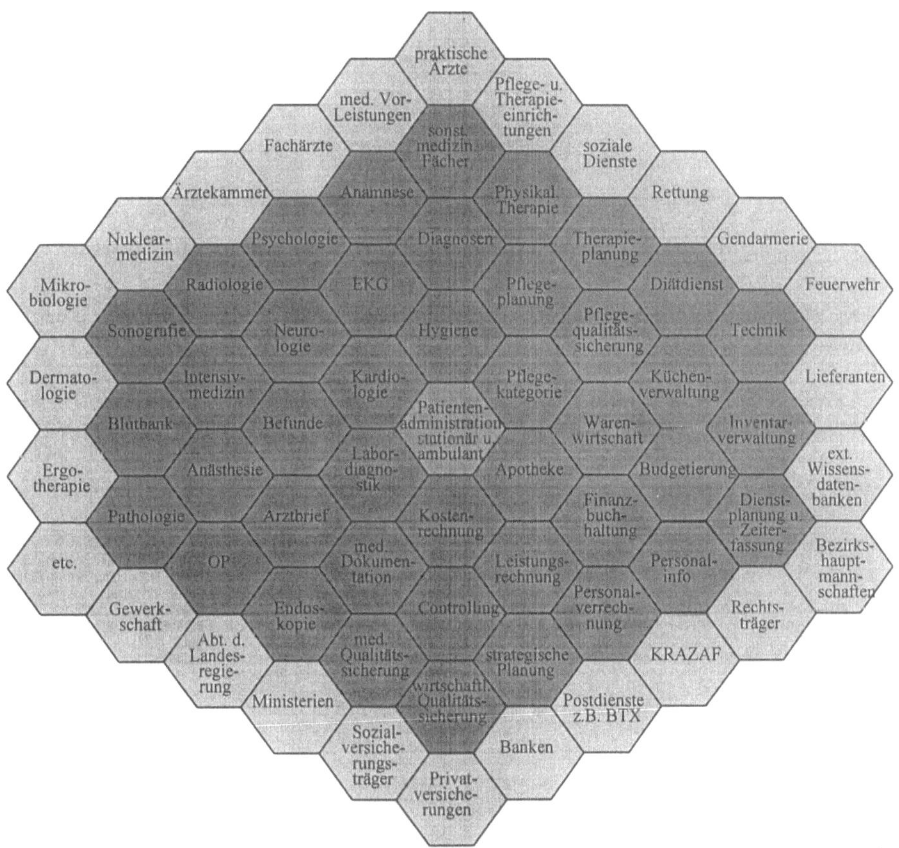

Abb.3: QUICK

Keine Standards gibt es im Bereich der anwenderdefinierten Softwareschnittstellen. Deshalb kann es hier - auch unter Datenbankanwendungen - zu Problemen kommen. Nicht jede x-beliebig angebotene Anwendersoftware paßt zueinander. Dies gilt vor allem für die am Markt „billig" erhältlichen Standardpakete (FIBU, KORE, LAGER etc.). Generell ist beim Kauf besonders Bedacht darauf zu nehmen, ob die zur Anschaffung geplante Software mit der bereits vorhandenen von der Schnittstellenthematik zusammenpaßt. In diesem Zusammenhang wird darauf hingewiesen, daß es aufgrund der Vielfalt der angebotenen Produkte durchaus sinnvoll sein kann, einen Generalunternehmer (z. B. Softwarehaus, das überwiegenden Teil der Programme bzw. Grundkonzept liefert) zu beauftragen und entweder ihm die Auswahl von Sublieferanten zu überlassen oder gemeinsam mit ihm eine Auswahl zu treffen.

Aufgrund vorgenannter Philosophie, Fakten sowie aus der Erfahrung, soll die eingesetzte Anwendersoftware Anforderungen wie Datenbank-Lösung mit Mittelpunkt PATIENT, volle Integrierbarkeit interner und externer Bereiche (z. B. mittels EDI = Electronic Data Interchange), leichte Userverständlichkeit, leichte Bedienbarkeit mit maximal drei

Funktionstasten oder Mausfunktionen, gute und leicht lesbare Anwenderdokumentation, für Anwender parameterisierbare Schnittstelle sowie ausgereifte Qualität erfüllen.

3.2 Betriebssysteme

Einige der in unseren Krankenhäusern eingesetzten Rechner neuerer Generation haben bereits die Möglichkeit mit mehreren Betriebssystemen parallel arbeiten zu können. Die gebräuchlichsten Betriebssysteme sind MS-DOS im Bereich der Arbeitsplatzrechner und UNIX im Bereich der Host- und Serverarchitektur. Es gibt aber viele DOS- (DR-DOS,PC-DOS etc.) und UNIX-Abwandlungen-Erweiterungen (AT&T-UNIX, ICL-UNIX, SCO-UNIX, UNIX-Derivate, SINIX etc.) oder gänzlich andere Betriebssysteme (Windows NT, OS/2, VM, VMS usw.).

Aufgrund der Tatsache, daß sich UNIX als meist eingesetztes Betriebssystem bewährt hat und die meisten DOS-Systeme UNIX-kompatibel sind, wäre bei sämtlichen anderen eingesetzten Betriebssystemen zumindest auf UNIX-Kompatibilität zu achten. Es stellt sich allerdings die Frage, ob und vor allem unter welchen Bedingungen (Übertragungsgeschwindigkeit, Zugriffsmöglichkeit etc.) ein Zugriff auf gleiche oder auch unterschiedliche Datenbanken über unterschiedliche Betriebssysteme trotz „offener Systeme" in einem Netzwerk erfolgen kann. Innerbetrieblich sollte nur eine Unternehmensdatenbank eingesetzt werden.

Der Autor wird den Eindruck nicht los, daß einige Beratungs-, aber auch Erzeugerfirmen eine Offenheit von Systemen verkaufen wollen, die sich im Endeffekt nur als „offen" im jeweils eigenen Konzern, und somit wiederum als abhängige Bindung, darstellen.

3.3 Hardware

Die hardwaremäßige Anforderung ist unbedingt ein „offenes System". Voraussetzung für ein offenes System ist betriebsintern ein LAN (Local Area Network), wobei über sogenannte Gateways (Hard-/Software-Paket zur Konvertierung inkompatibler Netze bzw. Kommunikationsprotokolle) eine Verbindung mit anderen Netzen öffentlicher Anbieter = WAN (Wide Area Network) geschaffen werden kann. Die Art des LAN's (Ethernet, Token Ring etc.) nach IEEE 802 (Institute of Electrical and Electronics Engineers = Normungsorganisation) sowie die Topologie (Stern-, Ring-, Bus-, Baum- oder Maschenstruktur) ist dabei von sekundärer Bedeutung, da die LAN's in angewandter Technik und Leistung vergleichbar sind (Breitbart, 1991).

Die Zukunft der LAN's, die in einigen Krankenhäusern bereits angebrochen ist, liegt eindeutig im Hochgeschwindigkeits-LAN (Glasfasertechnologie, FDDI = Fiber Distributed Data Interface oder Kupferkabeltechnik, CDDI = Copper Distributed Data Interface), das Übertragungsgeschwindigkeiten von 100 Mbps und mehr ermöglichen soll, vor allem, wenn man bedenkt, daß sich in Zukunft eine noch gewaltig größere Menge an Daten, aber auch an digitalisierten Bildern über unsere Netzwerke bewegen wird. Eine gute Alternative zum echten Hochgeschwindigkeits-LAN stellt auch noch die verdrillte Kupferleitung (Twisted Pair) dar, bei der ebenfalls Übertragungsgeschwindigkeiten bis zu 100 Mbps erreicht werden. Der derzeitige Schwachpunkt liegt aber noch in den Netzwerkknoten (Glasfaser/Kupfer/ Server/Controller/Disken), die höhere Übertragungsgeschwindigkeiten verhindern.

Mit der Offenheit der Systeme muß die periphere Hardware noch unabhängiger werden. Bevorzugt wird es zum Einsatz von Client-Server-Konzepten kommen, bei denen PC oder Workstation nur als Anfragender auftreten, der Wünsche nach bestimmten Daten deklariert und die Datenbankabfrage sowie die Auswertungen der Server vornimmt. Es wird vermehrt zum Einsatz mobiler Datenerfassungsgeräte, welcher Art auch immer, kommen. Im Krankenhaus spielt die Performance für die Akzeptanz eines EDV-Einsatzes eine wichtige Rolle. Da die Zugriffszeit auf den Plattenspeicher für die Performance des Netzwerkes wesentlich ist, sollte ein Server über ESDI- oder SCSI-Controller verfügen, um eine Datenübertragungsrate von mindestens 10 Mbps gewährleisten zu können. Bei einem Personal-Computer liegt die Rate bei ca. 5 Mbps (oder auch MBit/s) (Dietzel, 1991).

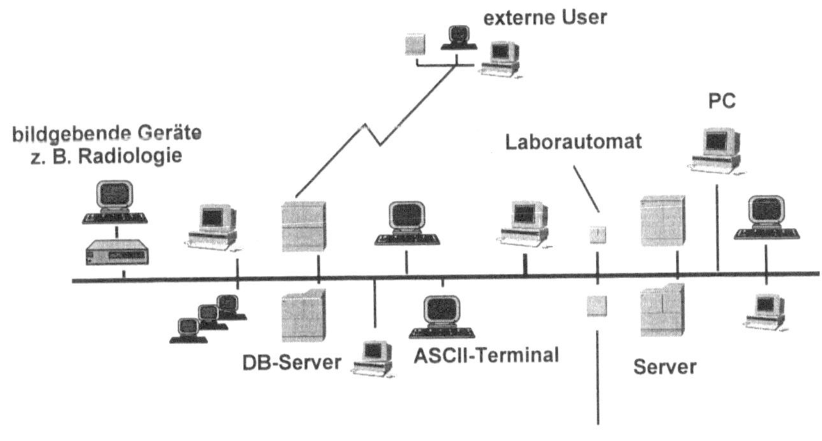

Abb.4: Client-Server-Konzept

ISDN (Integrated Services Digital Network), derzeit in Österreich als S-ISDN (Schmalband-ISDN) eingesetzt, stellt zwar eine kostengünstige und flexible Alternative zu den anderen Datenübermittlungswegen dar, eignet sich aber nicht für die Übertragung von digitalisierten Bildern, da die Übertragungsgeschwindigkeit nur 2 x 64 Kbps auf 2 „B"-Kanälen und einem „D"-Kanal mit 16 Kbps für diese zu gering ist. Als Zugang zum Telefon-, Telefax-, Btx-Dienst und zur externen Datenübertragung ist ISDN sicherlich gut geeignet. Ein großer Nachteil ist aber auch hier noch die Geschwindigkeit. Nach einer Umstellung von S-ISDN auf B-ISDN (Breitband-ISDN) sollte die Übertragungsgeschwindigkeit im Mbps-Bereich möglich sein.

Die Funkübertragung verfügt derzeit ebenfalls noch über ein zu geringes Leistungsspektrum sowie über eine hohe Fehlerhäufigkeit durch externe Einflüsse - denkt man nur an die durch die Stahlbetonskelettbauten der neueren Krankenhäuser verursachte Beeinflussung der Funktelefone.

Als Kommunikationsnorm in und zwischen betrieblichen Netzen offener Systeme ist auf alle Fälle der OSI-Standard (Open System Interconnection) der ISO (International Standardisation Organization) einzuhalten.

4. Zukunftsperspektiven

4.1 Decision-Support-Systems

Unter Decision-Support-System versteht man die individuelle Entscheidungsunterstützung in individuellen Situationen. Systeme dieser Art ermöglichen, verschiedene Varianten bzw. die Auswirkungen verschiedener Entscheidungen zu simulieren. Ziel eines solchen Systems ist die Unterstützung qualitativ besserer Entscheidungen. Im kommerziellen Bereich stehen derartige Systeme bereits mit Erfolg im Einsatz. In der Zukunft wird auch in Teilbereichen des Krankenhauses (z. B. im wirtschaftlichen Bereich, zur Unterstützung des Krankenhaus-Managements) die Einführung eines solchen Systems zu überlegen sein.

4.2 Expertensysteme

Die bislang letzte und auch zukunftsweisende Entwicklung im EDV-Bereich ist das sogenannte Expertensystem („Expert-System") im Rahmen der Anwendung der Künstlichen Intelligenz („Artifical Intelligence"). Bei einem Expertensystem wird fachspezifisches Wissen oder Erfahrungen auf einer großen Datenbank gespeichert. Der Benutzer wird mittels EDV-Programmen nach seiner Problemstellung befragt und das System bietet Lösungsvarianten an, die durch eine volle Dynamisierung aller Problemparameter bei der Entscheidungsfindung helfen sollen (Prinz, 1988).

Gerade in der Medizin-Informatik gehört Systemen mit Komponenten der Künstlichen Intelligenz ohne Frage die Zukunft (Adlassnig, 1991). Im medizinischen Bereich gibt es dazu heute einige wichtige Versuchs- und Anwendungsgebiete:

  O Analyse von Röntgen- u. Ultraschallbildern

  O Labordiagnostik

  O Onkologie - Planung von Chemotherapie

  O Rheumatologie u. Gastroenterologie

  O Unterstützung der medizinischen Diagnostik.

Die letzte Variante ist in den USA in einigen Prototypen im Einsatz (z. B. TMIS = Informationsmanagement, HELP = Informationsmanagement und Therapieunterstützung, PROMIS = Datenkontrolle auf Vollständigkeit, Erinnerung an ausstehende Untersuchungen, Diagnosevorschläge).

Aber auch in der Pflege sind bereits Systeme, wie z. B. COMMES (Creighton University in Omaha, Nebraska) und UTICARE (Health Data Sciences in William Beaumont Hospital,

Royal Oak, Michigan) von besonders wissenschaftlicher und praktischer Bedeutung. Programme in der Krankenpflege sollten die Kommunikation, den Pflegeprozeß, die Pflegeforschung und -lehre sowie die Administration in einem integrierten Paket unterstützen (Boese und Pabst, 1992).

Nach der Prognose einer deutschen Marktforschung wird der Markt für die Künstliche Intelligenz in der Zukunft fünfmal schneller wachsen als der Markt für die normale Datenverarbeitung (Breitbart, 1991). Damit bleibt die Hoffnung, daß die Entwicklung von Expertensystemen auch vor dem wirtschaftlichen Bereich von Krankenhäusern nicht Halt macht. Eine Hilfestellung in diesem Bereich, vor allem welche inner- und außerbetrieblichen Veränderungen sich „WIE" auf „WAS" auswirken und wie man diesen entgegensteuern kann, wäre sicherlich zielführend. Die Forderung nach einem Expertensystem wird sicherlich auch durch die beinahe erreichte Unfinanzierbarkeit des Gesundheitswesens unterstrichen.

5. Zusammenfassung

Zusammenfassend läßt sich sagen, daß das geforderte „QUICK" noch nicht geboren ist, vielleicht auch in Zukunft nur annähernd erreicht werden kann. Die Entwicklungen und Tendenzen gehen aber eindeutig in eine neue Richtung. Softwaremäßig sind die wirtschaftlichen Bereiche gut abgedeckt, im medizinischen Bereich und im Pflegebereich fehlen jedoch noch größtenteils integrierbare Lösungen. Das gleiche gilt für die Kommunikation nach außen. Hier gibt es für die Softwareerzeuger noch ein gewaltiges Entwicklungspotential. Stark verbesserungswürdig in Richtung Einfachheit sind die Benutzeroberflächen und Funktionstasten. Betriebssysteme müssen auf gemeinsame Standards gebracht werden, um für eine annähernd unbeschränkte Offenheit der Systeme zu sorgen, die derzeit noch vermißt wird.

Hardwaremäßig sind sogenannte „offene Systeme" mit Client-Server-Technologie bereits teilweise im Einsatz. Der Trend zur Client-Server-Technologie wird sich noch verstärken, wobei aber wahrscheinlich auch in Zukunft kein EDV-Produkt völlig offen sein wird. Entwicklungspotential liegt hardwareseitig in der Lösung von kritischen Größen („Netzwerkknoten") sowie in der Weiterentwicklung neuer Medien für die mobile Erfassung.

Expertensysteme sind bestenfalls in medizinischen Teilbereichen innerhalb und außerhalb Österreichs in Erprobung bzw. im Einsatz. Die Forderung, bestehende medizinische Expertensysteme zu forcieren sowie auch für die anderen Bereiche krankenhausspezifische Expertenlösungen zu entwickeln, steht noch im Raum.

Danksagung

Bedanken möchte ich mich bei meiner Familie, besonderes bei meiner Frau Maria, die auf so manche kostbare gemeinsame Stunde verzichtete, mich immer unterstützte und es mir somit ermöglichte, diese Arbeit fertigzustellen.

Literaturverzeichnis

Breitbart, G. (1991). Organisationshandbuch für den EDV-Leiter. WEKA Fachverlag, Augsburg, Band 2, Teil 9/2.1, 1, Teil 10/6.1, 14,

Dietzel, W. (1992). Lexikon der PC-Fachbegriffe. WEKA Fachverlag, Augsburg, Teil 6.2.2, 22

Ingruber, H. (1992). Trends im Informationsmanagement. Donaueuropäisches Krankenhaus-Journal, Wien, 131

Adlassnig, K. P. (1991). Expertensysteme in der Medizin. Österreichische Krankenhaus-zeitung 32, Wien, 361-384

Boese, J., Pabst, S., (1992). Krankenhaus-Software in Deutschland: eine Marktübersicht. Österreichische Krankenhauszeitung, Sonderfolge Xa, Wien, 154 ff.

Prinz, F. (1988). Künstliche Intelligenz - Fluch oder Segen. Vortrag Gmünd.

Anforderungen an Laborsysteme aus der Sicht der Medizin

E. Fiedler
Institut für med.-chem. Labordiagonstik
A. ö. Krankenhaus Krems an der Donau
Krems, Österreich

1. Allgemeine Hardware- und Software-Anforderungen

Ein gutes EDV-System zeichnet sich durch Benutzerfreundlichkeit der Hard- und Software, komfortable und ausgereifte Programme, graphische Oberflächen, schnelle Antwortzeiten (Maskenwechsel), Betriebssicherheit (24 h Verfügbarkeit), gutes Datenhaltungs- und Datensicherungskonzept, gutes Preis/Leistungsverhältnis aus.

Gerade Software muß auf Benutzerfreundlichkeit getestet und danach entsprechend adaptiert werden. Die Tastaturen sollen ergonomisch sein, keinen Design-Defekt haben, der Winkel der Tastatur und die Anordnung der Tasten sollen richtig sein und die Tastatur bzw. Auflageflächen das Handgelenk unterstützen. Die Bildschirme müssen den ergonomischen Anforderungen entsprechen, die strengen schwedischen Normen erfüllen, möglichst groß sein und ähnliches Arbeiten wie mit Papier und Bleistift ermöglichen (das heißt dunkle Schrift auf hellem Hintergrund). Die Aufstellung im Raum soll ergonomisch und blendfrei erfolgen. Auch die anderen Arbeitsgeräte sollen arbeitsmedizinischen, ergonomischen und sicherheitstechnischen Bedingungen entsprechen.

Bei offenen Systemen dominieren relationale Datenbanken, weil sie höchste Flexibilität der Informationsverwendung gewähren. Die Struktur der Datenspeicherung ist völlig unabhängig von der Art der Datennutzung. Alle Daten sind in Tabellen enthalten, deren Ansicht sich der Anwender mit Hilfe von Werkzeugen seinen Informationsbedürfnissen entsprechend abrufen kann. Zu relationalen Datenbanken gehört unverzichtbar die standardisierte Abfragesprache SQL („Structured Query Language").

2. Organisationsablauf im Bereich des Labors

Die einzelnen Arbeitsgänge im Labor sind in einer bestimmten Abfolge auszuführen:

* Anforderung
* Probenannahme, Probenvorbereitung, Probenverteilung, Arbeitslisten;
* Analyse
* Technische Validation
* Medizinische Validation
* Befundausgabe

3. Anforderungen von Laborleistungen

Die Anforderung von Laborleistungen kann durch konventionelle Belege, Markierungsbelege oder durch Order-Entry erfolgen.

Die wirklich gut funktionierenden Labor-EDV-Systeme arbeiten zur Zeit vor allem mit Markierungsbelegen.

Langfristig wird das „Order-Entry", die direkte Abrufung eines Untersuchungsauftrages z.B. am Stations-Bildschirm vermutlich die optimale Lösung darstellen. Dafür muß aber die entsprechende Infrastruktur vorhanden, die sichere Probenidentifikation und eine gute Logistik gewährleistet sein. Die größten Probleme entstehen bei Vorhandensein einer Anforderung ohne Probe bzw. einer Probe ohne Anforderung.

Die Patientenstammdatenverwaltung beinhaltet Patienten-ID, Aufnahmezahl, Name, Geburtsdatum, Geschlecht etc.

Der Idealzustand wäre, wenn ein Patient nur einmal im Krankenhaus eine Identifikation (Patienten-ID) zugeordnet bekommt, und alle Befunde von stationären und ambulanten Aufenthalten dieser ID zugeordnet werden. Diese ID-Nummer sollte sich aus unveränderlichen Merkmalen des Patienten zusammensetzen, um eine eindeutige Identifizierung auch nach Jahren noch zu gewährleisten.

Durch geeignete Maßnahmen ist sicherzustellen, daß Patienten nicht mehrmals angelegt werden. Das erreicht man durch phonetische Suche und Suche nach Patienten mit nur gering veränderten Daten (z.B. Ziffernsturz) und Anbieten zum Vergleich - z.B. Maier Hans, geb. 2.3.1911 - Mayer Hans, geb. 2.3.1911, Maier Hans, geb. 3.2.1911.

Die anfordernde Stelle bzw. die Proben müssen eindeutig zugeordnet werden. Bei der Probenidentifikation gibt es die Möglichkeit Primäretiketten oder Sekundäretiketten (im Labor gedruckte) mit oder ohne Barcode einzusetzen. Gegebenenfalls sind Angaben wie Diagnose, klinische Fragestellung und Zusatzinformationen (Medikamente, Harnmenge, Uhrzeit etc.) anzuführen oder zu kodieren.

Die Probenannahme kann grundsätzlich zentral (ein Anforderungsbeleg und entsprechende Probenmaterialien) oder dezentral (für jeden Laborbereich eigene Proben und eigene Anforderungsbelege) durchgeführt werden. Bei der zentralen Probenannahme wird die gesamte Verteilung auf die Arbeitsplätze im Labor ausschließlich vom Labor übernommen. Das bedeutet Entlastung für die Stationen und Mehrbelastung für das Labor.

Beim Einsatz von Belegen sollen möglichst wenige Belege eingesetzt werden, das heißt die wesentlichen Untersuchungen aus dem Gebiet der Chemie, Hämatologie, Gerinnung, Serologie, Harne, Hormone etc. sollen auf einem Beleg angefordert werden können. Eventuell kann es im Einzelfall sinnvoll sein, Routine, (Eil-) und Notfalluntersuchungen gemeinsam über einen Beleg anzufordern. Wichtig sind sogenannte Sammelparameter und (eventuell stationsorientierte) Aufnahmeprofile.

Proben und Anforderung müssen eindeutig identifizierbar sein. Das kann am besten durch den Einsatz von Barcodes gewährleistet werden.

Am zentralen Probeneingang wird der Auftragsbeleg z.B. über einen Markierungsbelegleser eingelesen. Da besonders am Morgen zum Routinebeginn die Auftragsregistrierung ein hektischer Vorgang ist, muß das Einlesen des Markierungsbeleges, die Interpretation ihres Inhaltes einschließlich entsprechender Prüfungen und die Verknüpfung mit den Patientendaten „Sekundenarbeit" sein.

4. Probenverteilung, Arbeitslisten

Bei positiver Probenerkennung (Barcode) entsteht durch das Einscannen eine im Regelfall willkürlich gewählte Sequenzliste (z.B. Reihenfolge der Probenannahme). Primärröhrchen mit Barcode können direkt in positiv identifizierenden Analysengeräten gestellt werden. Für die übrigen Proben kann am Bildschirm oder am Ausdruck ersehen werden, welche Verteilung vorzunehmen ist. Arbeitsplatzlisten sind für Arbeitsplätze ohne positive Probenidentifikation (z.B. Handarbeitsplätzen) erforderlich.

Selektiv arbeitende Analysenautomaten mit bidirektionalem Anschluß fragen die EDV, welche Analysen aus der barcodierten Probe, die zur Zeit bearbeitet werden soll, zu machen sind, und melden die Ergebnisse anschließend zurück. Bei Einsatz von Primärröhrchen ist die Verwechslungsgefahr am kleinsten und der Rationalisierungseffekt am größten.

Bei Geräten mit unidirektionalem Anschluß, die nicht selektiv, sondern mit einem festen Spektrum arbeiten, funktioniert die Meßwertzuordnung aufgrund der Barcode-Information genauso. Eine Anfrage an das EDV-System ist jedoch aufgrund der mangelnden Selektivität nicht notwendig.

Eine Tageskennung ist im Regelfall notwendig, Tagesnummern sollen möglichst kurz gehalten sein.

5. Meßwertverarbeitung und Freigabe

Bei On-line-Eingabe ist die richtige Übernahme und das richtige Abspeichern der vom Gerät abgegebenen Daten sicherzustellen. Bei Ausfall eines Gerätes oder Geräteverbindung müssen die Werte für dieses Gerät off-line eingegeben werden können. Meßwerte, die außerhalb des Gerätebereiches liegen, sind automatisch zu sperren. Weiters müssen Meßwerte mit eventuell vorhandenen Vorwerten (Delta-Check), mit vom Anwender definierten Bereichen, mit Qualitätskontrollwerten verglichen werden. Bei Diskrepanzen, Über- oder Unterschreitungen müssen Meßwerte gesperrt werden.

Off-line-Eingaben müssen parameterorientiert, parametergruppenorientiert, patienten-orientiert erfolgen können. Die Eingabe von Werten, die außerhalb bestimmter Bereiche liegen, muß sofort eine Bestätigung verlangen. Auf den Arbeitslisten bzw. bei der Eingabe sollen Vorwerte automatisch angezeigt werden. In speziellen Fällen kann die Anzeige von Befundwerten anderer Parameter oder anderer Informationen notwendig sein (bei Differentialblutbildarbeitsplatz Blutbildwerte, Dialyse; bei Harnsediment Harnstreifenbefund etc.).

6. Freigabe - technische Validation

Die Freigabe der Meßwerte eines Arbeitsplatzes gehört zu der verantwortlichen Aufgabe der medizinisch-technischen Kraft am Arbeitsplatz. Sie hat die Möglichkeit, durch Wieder-holungen, Doppel- und Dreifachbestimmungen und durch andere Überprüfungen und Kontrollen die technische Richtigkeit des Wertes sicherzustellen. Die Bestätigung erfolgt dann durch eine „Freigabe".

Es ist nicht möglich, hundert Befunde mit vielleicht fünf, zehn oder mehr Ergebnissen in kurzer Zeit durchzusehen und dabei zuverlässig mögliche Unstimmigkeiten zu erkennen.

Wenn aber durch die EDV durch geeignete (vom Anwender selbst zu definierende) Validationskriterien die Zahl der zu überprüfenden Befunde auf ein Drittel oder weniger reduziert wird, kann jedem einzelnen davon größte Aufmerksamkeit gewidmet werden.

Bei Doppel- und Mehrfachbestimmungen müssen alle Werte in ihrer zeitlichen Reihenfolge am Bildschirm sichtbar sein. Bei gesperrten Meßwerten muß die Ursache dafür erkennbar sein. Wenn ein freigegebener Wert wiederholt wird, und der neue Wert freigegeben wird, muß geprüft werden, ob der ursprüngliche Wert bereits ausgegeben worden ist. Wenn ja, dann muß ein entsprechender Hinweis am Befund angeführt werden. Bei Freigabe von auffälligen, zunächst nicht plausiblen Werten, muß die Angabe eines Kommentars möglich sein, um Rückfragen zu verhindern. Auch gerätespezifische Warncodes müssen einbindbar und modifizierbar sein.

Bei der technischen Validation müssen alle Informationen, die bei der medizinischen Validation vorhanden sind, verfügbar sein (z.B. permanentes Anzeigen der Vorwerte). Alle Handlungen müssen mitprotokolliert werden (und damit nachvollziehbar sein).

7. Freigabe - medizinische Validation

Es ist nicht möglich, hunderte Befunde mit vielleicht 15 oder mehr Ergebnissen in kurzer Zeit durchzusehen, mit Diagnosen in Bezug zu setzen, und dabei zuverlässig mögliche Unstimmigkeiten zu erkennen. Wenn aber durch die EDV durch geeignete (vom Anwender selbst zu definierende) Validationskriterien die Zahl der zu überprüfenden Befunde auf ein Drittel oder weniger reduziert wird, kann jedem einzelnen davon größte Aufmerksamkeit gewidmet werden.

Die medizinische Validation entspricht im wesentlichen der technischen Validation, wobei hier nicht ein Arbeitsplatz, sondern im Regelfall der Gesamtbefund validiert wird, und dazu etwas andere Kriterien (medizinische) herangezogen werden. Alle Handlungen müssen mitprotokolliert werden (und damit nachvollziehbar sein).

8. Befundausgabe

Druck (Papier, ev. Etiketten) und Bildschirmanzeige (auch dezentral), ev. Disketten, Fax, Modem, Mailbox etc.

Patientenbezogen - Einzelbefund und Kumulativbefund

Methoden- oder bereichsbezogen (z.B. Zucker, Quick)

Werte müssen in Bezug zu entsprechenden Referenzwerten gesetzt werden. Eventuell kann eine Zusatzdarstellung, wie stark der Befund vom Referenzbereich abweicht, erwünscht sein.

Information, in welchem Status sich die Befunderstellung befindet.

Ausdruck oder Anzeige soll zeitlich flexibel erfolgen. Das heißt, Befundausgabe immer, wenn der Befund fertig und validiert ist, oder wenn der Großteil des Befundes fertig ist, aber eher unwahrscheinlich ist, daß Restbefunde am gleichen Tag noch erstellt werden (also kein unnötiges Warten auf nicht kommende Restbefunde). Auf jeden Fall soll die Befundausgabe erfolgen, wenn alle Eil- und Notfallproben fertig sind (kein Warten auf Vollständigkeit des Befundes).

Befunde können Zahlenwerte (mit und ohne >,<,1:), Wörter (mit und ohne Reihung), Texte, Kurven und Graphiken (u.a. Verlaufskontrollendarstellung) sein. Zusätzliche Bemerkungen, wie hämolytisch, lipämisch, wiederholt, zu wenig Material etc., werden angefügt.

9. Bereichsangaben - Referenzbereiche, Qualitätskontrolle

Für jeden Parameter ist es erforderlich, verschiedene Referenz- und andere Bereiche zu definieren.

Referenzbereichsliste für den Befund, wobei Geschlecht, Alter, Diagnosen (z.B. Dialysepatient), bestimmte Medikamente (z.B. Sintrom, Marcoumar etc.), Schwangerschaftswoche, Menstruationszyklus und Untersuchungsmedium berücksichtigt sein müssen

Grenzbereiche, die sofort eine Wiederholung (auch automatisiert) verlangen

Grenzbereichsliste für die technische Validation

Grenzbereichsliste für die medizinische Validation

Grenzbereiche für die Anforderung weiterer Parameter

Unter Delta-Check versteht man die Abweichung des aktuellen Wertes gegenüber dem Vorwert, unter Berücksichtigung der verstrichenen Zeit. Der Anstieg oder Abfall von Werten eines Parameters wird nach absoluten und/oder relativen Abweichungen geprüft unter Berücksichtigung der verstrichenen Zeit, wobei Minimalabweichungen unberücksichtigt bleiben.

Gerade die Verknüpfung verschiedener Parameter ermöglicht qualitatives Arbeiten im Labor und Arbeiten im Sinne des Patienten. Bei Überschreiten bestimmter Grenzen werden andere Parameter automatisch angefordert (z.B. path. Harnstreifenbefund ➜ Harnsediment; BUN ➜ ⬅ Creatinin; Cholesterin erhöht ➜HDL, LDL und LpA; Hb und MCV erniedrigt ➜ Fe, Transferrin und Ferritin). Bei der Validierung werden Bezüge zwischen Parametern und/oder Diagnosen hergestellt und auf Plausibilität geprüft. Weiters sollen neue Parameter nach frei generierbaren Formeln errechnet werden können.

Die Unterstützung in der Qualitätskontrolle/Qualitätssicherung muß gewährleistet sein durch statistische Auswertung und entsprechende Darstellung von Kalibrationswerten, Gerätefehlfunktionen, Gerätedriften, interner und externer Kontrollwerte, Doppel- und Mehrfachbestimmungen sowie durch Auswertung aller erstellten Patientenwerte eines Parameters, z.B. eines Tages.

Weitere Voraussetzung ist eine komfortable Textverarbeitung (für Befundung, Erstellung von schriftlichen Arbeitsunterlagen etc.) und eine komfortable Tabellenkalkulation (für Erstellung von statistischen Auswertungen etc.). Daten aus der Datenbank müssen übertragen und zur Weiterverarbeitung übernommen werden können.

Das EDV-System muß den Status der Befunderstellung überwachen und warnen, z.B. bei nicht rechtzeitig erstellten Notfallbefunden.

In der Leistungs- und Kostenstellungsrechnung soll das System effizient und personalentlastend arbeiten.

10. Zukunft

Die Fuzzy-Logik, die „unscharfe" Logik, eine mathematische Theorie, die anerkennt, daß die Wirklichkeit nicht in eine Vielzahl von aneinandergereihten Ja und Nein - in der Sprache des Computers „Strom" und „Nicht-Strom" - zerlegt werden kann, wurde 1965 einer Wissenschaft gegenübergestellt, die - aufbauend auf der Bool'schen Logik - nur die Werte wahr und falsch kennt. Nach den Regeln dieser Bool'schen Logik wurde der Computer zu einem Hilfsmittel entwickelt, mit dessen Hilfe komplexe Abläufe berechnet, gesteuert und kontrolliert werden können. Das menschliche Wahrnehmen und Denken kennt nicht nur die Werte wahr-falsch, hell-dunkel, ja-nein, sondern hat viele Möglichkeiten, eine Wahrnehmung zwischen zwei Polen einzuordnen. Menschen entscheiden nicht nur logisch, sondern auch intuitiv und kompensieren dadurch Informationsdefizite. Begriffe wie manchmal, selten, oft, kaum und nie, wenig und mehr, etwas und viel wurden in der Technik zu akzeptierten Größen.

Fuzzy-Controlling, die „unscharfe" Regelungstechnik, verwertet mit Hilfe dreier Komponenten jene „in etwa-Daten". Durch den ersten Schritt werden aus genau definierten Daten „unscharfe". Im zweiten Schritt werden logische Zusammenhänge, die den Prozeß kennzeichnen, eingebracht und zueinander ins Verhältnis gesetzt. Im dritten Schritt wird das unscharfe Ergebnis wieder in eine reelle Größe übersetzt.

Speziell der Labordatenaustausch zwischen Labor und Stationen, Arztpraxen und anderen Labors läuft heute noch überwiegend auf dem Papierweg. Labordaten, die bereits in elektronischer Form vorliegen, werden ausgedruckt, versandt, und möglicherweise wieder auf der anderen Seite manuell in ein EDV-System eingegeben. Das birgt folgende Nachteile in sich: Eingabefehler beim Erfassen, Mehraufwand beim erneuten Erfassen, zusätzlicher Aufwand auf Laborseite, Übertragungsfehler an den Schnittstellen. Lösungen wären z.B. Disketten, Mailbox-Systeme. Das Mailbox-System entspricht einem „elektronischen Postfach" - der Absender einer Mitteilung hinterlegt diese im „Postfach" des Empfängers. Der wiederum hat jederzeit die Möglichkeit, sich seine Informationen aus seinem „Postfach" abzurufen. Mitteilungen (Befunde) lassen sich dadurch an die verschiedenen Empfangssysteme (EDV, Telefax, Telefon) versenden.

Neuronale Netzwerke werden in Zukunft im medizinischen Bereich zunehmend an Bedeutung gewinnen. Ziel dabei ist es, versteckte Strukturen und Informationen aus den Rohdaten zu extrahieren. Aus einem input layer (z.B. Parameter-Werte) wird über eine Gewichtung ein hidden layer und über eine weitere Gewichtung ein output layer (z.B. Diagnosenwahrscheinlichkeit) erzeugt. Dadurch wäre eine Hilfestellung bei Diagnosen im Sinne von Wahrscheinlichkeitsangaben möglich.

Wege der Integration

R. Kotnik
Digital Equipment Österreich AG
Systems Integration Center Healthcare
Wien, Österreich

KURZFASSUNG

Ein Unternehmen, das im Zusammenhang mit dem Einsatz von Informationstechnologie Entscheidungen zu treffen hat, stellt Gesamtlösung und Integration in den Vordergrund. Welche Fragen stellen sich aber dem Anwender aus heutiger Sicht? Ist Integration eine Vision oder kann ein zufriedenstellender Level mit vernünftigen Kosten erreicht werden? Ist Integration aus der Sicht der zunehmenden Standardisierungsbestrebungen überhaupt ein Problem?

1. Szenario

Integration gewinnt in der heutigen Informations-Technologie (IT)-Welt immer mehr an Bedeutung. Die Gründe dafür sind vielfältig:

* Ein Krankenhaus ist ein komplexes Unternehmen, bestehend aus Organisation, Administration und Medizin, mit dem Patienten als Mittelpunkt.

* Eine Reihe verschiedener Abteilungen verlangt verschiedenartige Unterstützung durch die IT. Darüber hinaus ist es wichtig, Eckdaten aus allen Bereichen für bestimmte Aufgaben zusammenzuführen.

* Nicht zuletzt sei die Vision des Elektronischen Patienten Records erwähnt. Die technischen Möglichkeiten sind vorhanden, soweit es Hardware, Systemsoftware, Speicherkapazitäten und Netzwerke betrifft. Eine Herausforderung an die Integration bleibt das Zusammenführen der relevanten Daten aus unterschiedlichsten Anwendungen.

Eine umfangreiche Tätigkeit im Krankenhaus ist das Treffen von Entscheidungen, vor allem im medizinischen Bereich. Die Basis einer Entscheidung bilden qualitativ hochwertige, aktuelle Information und die Kompetenz des Entscheiders.

Die Kompetenz des Entscheiders ist mit IT zweifellos nicht zu beeinflussen. Wohl aber die Güte, Aktualität und Rechtzeitigkeit der Informationen.

Es ist eine Forderung an eine integrierte Lösung, die in den einzelnen Bereichen notwendigen Informationen aktuell und vollständig, ohne zeitraubende Umwege, bereitzustellen. Hierbei ist zu berücksichtigen, daß der Anwender in der Regel kein IT-Spezialist ist und sein Informationsbedürfnis daher über die ihm zur Verfügung stehenden Mittel artikuliert.

Andererseits fordert der Anwender ein Ergebnis an, ohne Kenntnis über die Verteilung der Informationen auf Systeme, Anwendungen, Datenbanken usw. zu haben. Dies bedeutet, daß es eine weitere Aufgabe der Integration ist, die logische Beschreibung des gewünschten Ergebnisses auf die physikalische Struktur der Datenlandschaft abzubilden.

92

Zu berücksichtigen ist auch die Vielfalt der Informationstypen, wie zum Beispiel

* formatierte und unformatierte Texte

* numerische Daten

* Sprache und Bilder

* und eine Mischung dieser Typen.

So gehört zu den Aufgaben der Integration nicht nur die Beschaffung der Daten, sondern auch deren artgerechte Aufbereitung.

Noch ein Punkt, der auf die Bedeutung der Integration hinweist: In nahezu allen Krankenhäusern wird bestehende IT verwendet. Die gegenwärtige Installation kann in kurzer Zeit nicht durch eine neue IT ersetzt werden. Ganz abgesehen von den zur Verfügung stehenden finanziellen Mitteln und der Tatsache, daß kein SW-Lieferant die gesamte Palette an Leistungsumfang zu akzeptablen Kosten anbieten kann.

* Neu auszustattende Abteilungen oder Teilbereiche werden sich überwiegend für eine IT entscheiden, die dem Stand der Technik entspricht

* Die Anwendungen wird man sich nach dem „Best-In-Class-Prinzip" aussuchen. Die wichtigste Frage an die Leistungsfähigkeit der Anwendung ist: „Erfüllt sie bestmöglich meine Anforderungen?", die zweitwichtigste Frage ist: „Wie kann ich sie in meine Systemlandschaft integrieren?".

Die Integration läßt die Frage nach bestimmter Hardware und Systemsoftware, die zum bestehenden Equipment passen, in den Hintergrund treten, nach dem Motto: wir nehmen, was wir haben, und bauen darauf auf.

2. Neue Technologien

Was ist gemeint, wenn von neuen Technologien gesprochen wird? In erster Linie wohl die rapide Weiterentwicklung am Chip-Sektor. Hand in Hand damit geht die Entwicklung der Systemsoftware, die sich den immer leistungsfähigeren Rechnern anpaßt.

64 Bit breite Rechner mit 128 Bit-Datenbus garantieren einen adressierbaren Bereich, der heutigen Betriebssystemen und auch künftigen Anwendungen (z. B. Multimedia) eine solide Basis bietet.

Relationale Datenbanksysteme mit grafischen Anwenderoberflächen lassen die Implementierung von ER-Modellen zu und bringen damit den Elektronischen Patienten Record einen großen Schritt näher.

Konzepte für die Haltung und das Handling großer Datenmengen unterstützen die Anforderungen der modernen Datenbanksysteme ebenso wie die Notwendigkeit hoher Systemverfügbarkeit und Datensicherheit.

Client/Server-Architekturen öffnen dem Anwender Zutritt zu Informationen, die auf verschiedenen Rechnern im Netzwerk vorgehalten werden. Die Anwendung läuft am Arbeitsplatz und entlastet den Server, so daß dieser seiner eigentlichen Aufgabe, dem Datenhandling, nachkommen kann.

Leistungsfähige Netzwerke sind Voraussetzung für eine Integration, da die Menge der über das Netzwerk transportierten Daten rasch zunimmt.

Nicht zuletzt sei noch ein neues Speichermedium als Beispiel für künftige Anwendungen erwähnt: Die Lasercard, mit einem beachtlichen Speichervolumen auf dem Raum einer Scheckkarte.

2.1 64 Bit-Technologie

Wenn man einige Rechnertypen vergleicht und in Relation zu einer Fläche setzt, können folgende Aussagen getroffen werden:

8 Bits können eine Fläche von 14 cm^2 adressieren

16 Bits können eine Fläche von 5,5 m^2 adressieren

32 Bits können eine Fläche von 40 km^2 adressieren

64 Bits können eine Fläche adressieren, die fast zweimal der Erdoberfläche entspricht.

Was bedeutet dies nun konkret für die IT?

2.1.1 Die neue Chip-Technologie schafft Raum für zukünftiges Wachstum:

Raum für die Datenbasis. Immer mehr Daten sind in einem integrierten System zu halten und zu verwalten.

Raum für zusätzliche Leistung: On-Line-Transport von aktuellen Daten, Transport und Verarbeitung von großen Datenmengen, z. B. Bilder und Multimedia. So können 32 Bits 45 Sekunden bewegte, unkomprimierte Bilder im Memory halten, 64 Bits aber 50 Millionen Stunden.

Raum für künftige Anwendungen. Die Verarbeitung von Bildern kann ohne virtuellen Speicher erfolgen, damit rascher und effektiver. Z. B. Bildverarbeitung und Archivierung (PACS).

2.2 Client/Server-Technologie

In konventionellen Architekturen ist der Arbeitsplatz einem Rechner zugewiesen und kann Daten von anderen Systemen nur mit Hilfe seines Rechners ansprechen. Die grafische Darstellung von Anwendungen oder Daten ist ebenfalls nur mit Hilfe dieses Rechners möglich, der in diesem Falle auch in seiner Leistung durch die Grafikaufbereitung belastet wird.

Die Client/Server-Architektur läßt die freie Zuordnung des Arbeitsplatzes zu Datenmengen, die auf unterschiedlichen Servern im Netzwerk vorgehalten werden, zu. Der Client ist nicht mehr zwingend einem einzigen Rechner zugeordnet.

Die Anwendungen laufen am Client-Arbeitsplatz, ebenso die grafische Aufbereitung und Darstellung, d. h., daß diese Arbeiten nicht dem Server zur Last fallen. Der Client kann mehrere Anwendungen gleichzeitig handeln. Damit entfällt lästiger Programmwechsel durch Beenden einer Anwendung und Aufruf einer anderen.

Nicht zuletzt sei noch auf die Integration der umfangreich vorhandenen Standardanwendungen, wie Tabellenkalkulation, Wordprocessing, Businessgrafik usw., hingewiesen.

Weitere Vorteile des Client-Arbeitsplatzes sind das ergebnisorientierte Arbeiten im Rahmen von bereichsübergreifenden Aktionen und die leichte Erweiterbarkeit der Installation, ohne den oder die Server unmäßig aufrüsten zu müssen.

2.3 Massenspeicher-Technologie

RAID ist ein weiteres Konzept, das bestehenden und zukünftigen Anforderungen zugute kommt. Wenn wir die Entwicklung am Hardwaresektor betrachten, fällt auf, daß

die CPU-Leistung um 50 % pro Jahr steigt,

die Disk-Kapazität um 30 % pro Jahr steigt,

der I/O-Durchsatz aber nur um 5 % pro Jahr steigt.

Da moderne Datenbanksysteme und das immer größer werdende Datenvolumen hohe Disk-Kapazitäten und akzeptablen Durchsatz verlangen, die I/O-Raten aber nicht in gleichem Maße wachsen, steht außer Diskussion, daß auch auf diesem Sektor neue Technologien gefragt sind.

Die hohen Datenmengen setzen notwendigerweise auch entsprechende Tools für die Datensicherheit voraus. Eine mögliche Lösung heißt Redundant Array of Independent Disks.

RAID ist eine, den individuellen Bedürfnissen anpaßbare Technologie, die sich an den Eckpunkten hoher Durchsatz, hohe Verfügbarkeit und niedrige Kosten orientiert. Je nach Wichtigkeit dieser Forderungen entscheidet sich die einzusetzende Variante. RAID verwendet grundsätzlich eine Reihe von Disks und verteilt die Daten nach einem bestimmten Prinzip, abhängig davon, ob für hohen Durchsatz niedrige Kosten oder hohe Verfügbarkeit, oder aber eine Kombination dieser Forderungen entschieden wurde.

RAID-0 teilt die zu schreibenden/lesenden Daten auf verschiedene Laufwerke auf (Optimierung der Zugriffszeit).

RAID-1 dupliziert jedes Laufwerk, d. h., wenn ein Laufwerk ausfällt, gibt es ein Duplikat, mit dem weitergearbeitet wird.

RAID-3 erzeugt für eine bestimmte Anzahl von Laufwerken ein weiteres Laufwerk, auf dem Parity-Informationen gespeichert werden. Dadurch können Daten bei Ausfall eines Laufwerkes automatisch rekonstruiert werden.

RAID-5 ist eine Kombination von RAID-0 und RAID-3 und gewährleistet daher höheren Durchsatz als RAID-3 mit gleicher Sicherheit.

2.4 Die Lasercard, eine neue Idee zur Datenhaltung

Ein weiteres Beispiel für Datenhaltung ist die Lasercard. Sie ist grundsätzlich nicht für das Speichern von Massendaten oder für den schnellen Zugriff gedacht. Sie ist vielmehr ein Medium, das persönliche Daten aufnehmen kann und zusätzlich unempfindlich gegen mechanische und magnetische Beanspruchung ist. So ist es z. B. kein Problem, eine Lasercard mit der Post zu versenden.

Auf einer Lasercard kann man ca. 1.200 Seiten Text, ein digitalisiertes Paßfoto, einen Fingerabdruck und eine Unterschrift speichern; oder ca. 30 Bilder vom CT bzw. Röntgen. Die derzeitigen Einschränkungen der Verwendung liegen nicht in der Funktionalität, sondern im

Bereich des Datenschutzes und damit in den Händen des Gesetzgebers. Die Speicherkapazität und die Unempfindlichkeit der Karte lassen allerdings ein weites Anwendungsspektrum zu.

3. Integration, ein Problem?

Integration wirft die primäre Frage auf, wo überhaupt die Anforderungen liegen. Der eine oder andere beredte IT-Verkäufer wird klarstellen, daß in der Welt der offenen Systeme alles kompatibel ist, Standards oder zumindest Quasi-Standards zum Einsatz kommen, usw.

Heute ist alles kompatibel, mehr oder weniger. Manchmal mit der Betonung auf weniger, da wir nicht nur die Kompatibilität der Plattformen vorausgesetzt werden muß, sondern vor allem die der Anwendungen.

Der Anwender sieht der offenen Welt besorgter entgegen. Er hat bestehende Installationen, vielleicht Insellösungen in bestimmten Bereichen, Anwendungen von verschiedenen Herstellern, einen vorgegebenen Kostenrahmen für Neuinvestitionen, und er fordert natürlich, daß die neuen Komponenten dem Stand der Technik entsprechen. Das alles auf einen Nenner zu bringen, heißt Integration. Und diese Vorgaben sind nicht durch bloße Anwendung kompatibler Produkte zu erfüllen.

In einer interessanten Studie über offene Systeme kommt die Butler Group, ein britisches Marktforschungsunternehmen, zum Schluß, daß

> es nie ein Standard-Betriebssystem, ein einziges Netzwerkprotokoll und eine einheitliche SQL-Implementierung geben wird;

> die meisten Organisationen in absehbarer Zeit mit heterogenen Hardware- und Software-Welten leben müssen.

Die Butler Group behauptet, daß die Bemühungen um eine standardisierte Hardware und Systemsoftware letztlich am Konkurrenzdenken der Hersteller scheitern wird. Das Betriebssystem UNIX, lange Zeit als Synonym für Offenheit gehandelt, hat nach Einschätzung der Butler Group in spätestens fünf Jahren seinen Zweck erfüllt: Seine Rolle als Katalysator hat dazu beigetragen, daß Hardware sich zur Commodity entwickelte.

Offenes System bedeutet in Wirklichkeit Interoperabilität, ist die Conclusio der Butler Group.

Die Butler Group teilt die Komponenten eines offenen Systems in

> Businessware (Anwendungssoftware),

> Middleware (Abbildung der Anwendungen auf die Systemplattform),

> Enableware (Hardware, Systemsoftware, Netzwerk).

Die Middleware hat die Aufgabe, die Anwendung auf der jeweiligen Systemplattform abzubilden. Als Beispiel führt die Butler Group die Funktion des Transaktionsmanagers innerhalb des von X/Open definierten Distributed Transaction Processing an. Diese Architektur weist dem Transaktionsmanager die Aufgabe zu, zwischen den Anwendungen und Ressourcen zu vermitteln.

96

4. Middleware

Die Betrachtung von Middleware als Mittel zur Integration. Wie bereits erwähnt, soll Middleware Anwendungen mit der Systemumgebung verbinden, Daten transportieren, Anwendungen untereinander verbinden und auch den Zukunftsaspekt absichern. Also ein bemerkenswerter Leistungsumfang.

Anwendungen miteinander zu verbinden heißt, daß sich Daten zwischen Anwendungen austauschen lassen und es muß von der Middleware auch die Fähigkeit eines Übersetzers verlangt werden. Die physikalische Möglichkeit des Datentransportes über gängige Protokolle bewirkt noch nicht, daß die Daten in einem brauchbaren Format im Ziel eintreffen.

Die beiden gezeigten Personen verstehen sich akustisch ausgezeichnet, die Unkenntnis des einen für die Sprache des anderen führt allerdings zur Fehlinterpretation. Noch schlimmer wird es, eine Implementierung ohne Middleware anzusehen: In der Annahme, daß jede Anwendung mit jeder Daten austauschen soll, müssen in den Anwendungen in Summe n x (n-1) Schnittstellen vorgesehen werden. In diesem Beispiel mit sechs beteiligten Anwendungen sind das 30 Schnittstellen, die von den Herstellern der betreffenden Produkte zu realisieren sind.

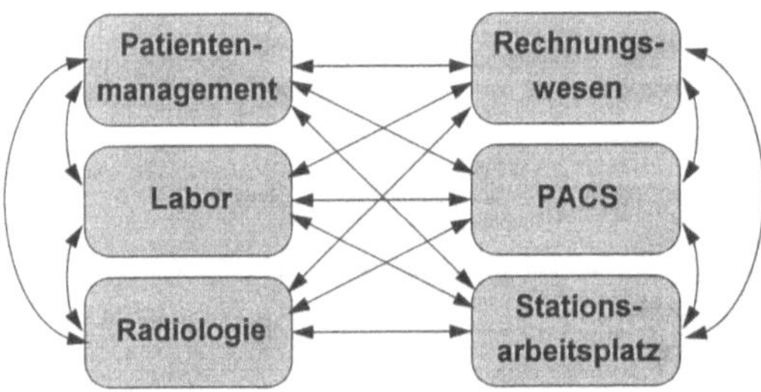

Abb. 1 Schnittstellenvielfalt ohne Middleware

Man kann problemlos abschätzen, was das an Aufwand bedeutet und wie umfangreich sich die künftige Pflege der Anwendungen gestaltet. Vor allem dann, wenn ein neues Produkt einzubinden ist. Die Idee der Middleware ist eine definierte Schnittstelle pro Anwendung und ein Transaktionskonzept, das den Datenaustausch auf logischer Ebene beschreibt. Die Funktionalität des Informationsroutings, des Transportes über unterschiedliche Netzwerke und die Übersetzung in das für die empfangende Anwendung notwendige Format ist Sache der Middleware.

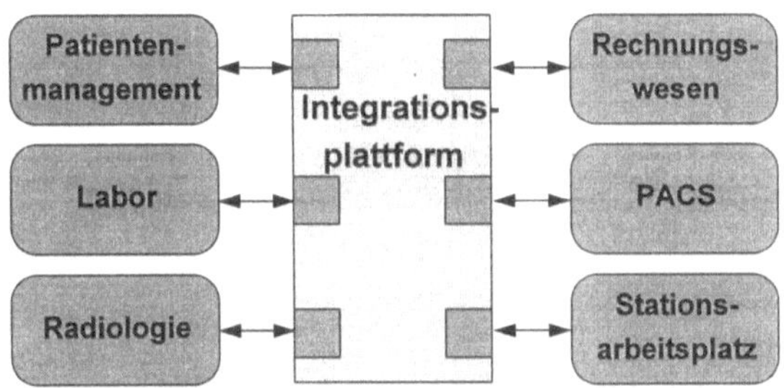

Abb. 2 Schnittstellenkonzept mit Middleware

Die Anzahl der Schnittstellen beschränkt sich im vorliegenden Beispiel auf sechs, das sind 24 weniger als in der vorhergehenden Variante. Die Einbindung einer neuen Anwendung in das bestehende Konzept reduziert sich auf die Realisierung einer entsprechenden Schnittstelle und die Definition der möglichen Transaktionen, und ein weiterer Vorteil ist ersichtlich: Eine einzubindende Anwendung muß keine Rücksicht auf irgendwelche Netzwerke, Datenformate anderer Anwendungen und Fehlerabhandlung nehmen.

Nicht zuletzt entlastet es den Anwendungsprogrammierer, der im allgemeinen kein abgefeimter Netzwerk- und Kommunikationsspezialist ist, sondern dessen Qualitäten in einem ganz anderen Bereich liegen. Die schematische Darstellung eines Lösungsansatzes für Middleware zeigt die verschiedenen Ebenen mit deren Funktionen.

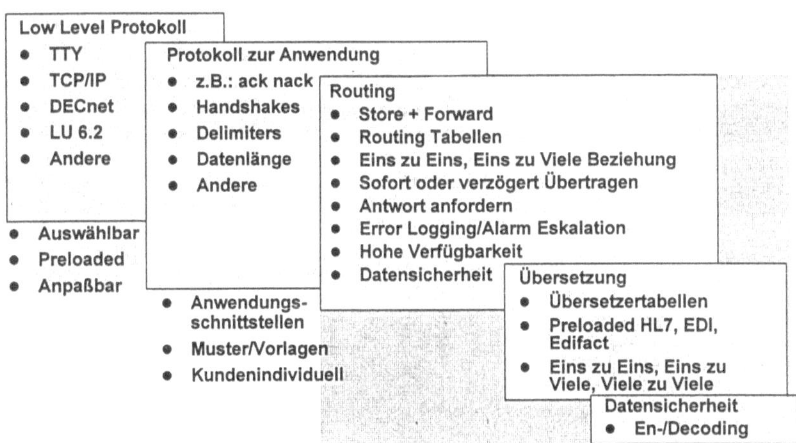

Abb. 3 Schematische Übersicht der Funktionalität

Low-level-Protokoll, Routing, Übersetzung und Datensicherheit sind Standardkomponenten der Middleware. Individuell an die jeweilige Anwendung anzupassen ist das anwendungsspezifische Protokoll, das die Einbindung der Anwendung in das Gesamtkonzept beschreibt.

In der heterogenen Umgebung ist es auch Aufgabe der Middleware, die unterschiedlichen Protokolle im Netzwerk zu bedienen, und zwar transparent für die Anwendungen. Diese Funktionalität sorgt dafür, daß die Anwendungen in hohem Maße von den Systemplattformen unabhängig bleiben. Selbst bei Wechsel des Protokolls, aus welchen Gründen immer, ist die Anwendung nicht betroffen. Die Anpassung wird zentral in der Middleware realisiert.

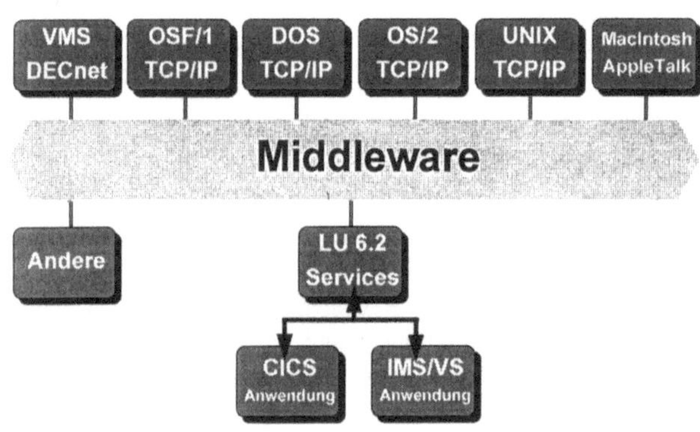

Abb. 4 Heterogene Umgebung

5. Zusammenfassung

Zusammenfassend ist zu sagen, daß Informationsvielfalt und -bedarf, die rasche Weiterentwicklung der Hardware und Systemsoftware, und die Tatsache, Altes und Bewährtes mit Neuem verbinden zu müssen, hohe Ansprüche an Integrationsplattformen stellen. Zumal in nächster Zeit nicht mit einer einheitlichen und übergreifenden Standardisierung zu rechnen ist.

Ein offenes System lebt von Interoperabilität. Ziel muß es daher sein,

- Anwendungen, unabhängig von einer heterogenen Landschaft, zu integrieren und miteinander reden zu lassen,

- die Einbindung künftiger Anforderungen zu realisieren, ohne die bestehenden Anwendungen negativ zu beeinflussen und vor allem innerhalb eines akzeptablen Kostenrahmens,

- Anwendungen unter der Prämisse „Best of Class" auszuwählen, ohne Einschränkungen im Bereich von Hardware, Systemsoftware, Datenbasis und Netzwerk ausgesetzt zu sein.

Die Verfügbarkeit von Middleware hilft dem Software-Hersteller gleichermaßen wie dem Anwender. Der Software-Hersteller wird weitgehend unabhängig von Hardware- und Systemumgebung und kann sein Produkt auf verschiedenen Plattformen anbieten. Der Anwender kann in der Auswahl seiner Gesamtlösung flexibler vorgehen und wesentlich individueller für seinen Bedarf entscheiden.

Physikalische Medizin und Rehabilitation

R. Resch
Institut für Physikalische Medizin und Rehabilitation
Krankenhaus Krems
Krems, Österreich

KURZFASSUNG

Aus eigenen und mitgeteilten Erfahrungen läßt sich der Schluß ziehen, daß es derzeit noch keine die Anwender zufriedenstellende Gesamtlösung einer EDV-Applikation für die Physikalische Medizin und Rehabilitation gibt. Es werden Gründe dafür beleuchtet und die häufigst genannten Kritikpunkte an den implementierten Systemen aufgelistet.

1. Einleitung

Seit mehr als 10 Jahren kann der EDV-Einzug im KH Krems wie in anderen mitverfolgt werden. Beginnend mit dem Verwaltungsbereich wurde die EDV schrittweise in den diversen Abteilungen eingeführt. 1987 gab es beispielsweise im Fach Physikalische Medizin und Rehabilitation nur einige wenige Anwendungen.

Es wurden 1987 und 1993 telefonische Umfragen bei Verantwortlichen und/oder Anwendern diverser Institute (Tabelle 1) und Abteilungen für Physikalische Medizin und Rehabilitation (inkludiert sind alle Primariate in ö. Krankenhäusern) durchgeführt.

Bundesland	Krankenhäuser	Anzahl absolut	Prozent
Wien	Universitätsklinik f. PM&R, Poliklinik, Hanusch-krankenhaus, Elisabethspital, Kaiser Franz Josef Spital, Krankenhaus Lainz, Rudolfstiftung, Sanatorium Hera, SMZO, Wilhelminenspital, Krankenhaus Speising, Sanatorium Döbling, Rudolfinerhaus	14	47
Niederösterreich	Krankenhaus St. Pölten, Rehab. Zentrum Weißer Hof, Krankenhaus Krems, Krankenhaus Neun-kirchen, Krankenhaus Wr. Neustadt, Krankenhaus Zwettl	6	20
Kärnten	Landeskrankenhaus Klagenfurt	1	3
Oberösterreich	AKH Linz, Krankenhaus der Elisabethinen, Krankenhaus Steyr, Krankenhaus Kirchdorf, Krankenhaus Wels	5	17
Salzburg	Landeskrankenhaus Salzburg, Krankenhaus Vigaun	2	6,5
Tirol	Krankenhaus Hall, Universitätsklinik Innsbruck-Ordinariat für Physikalische Medizin	2	6,5
		30	100

Tab. 1 Befragte Institute für Physikalische Medizin & Rehabilitation

Obwohl es heute natürlich viel mehr Anwender gibt, unterscheiden sich die Antworten heute nicht wesentlich von den Antworten der Umfrage 1987.

Einerseits Hoffen und Warten auf „die EDV-Lösung" (in dem Wissen und mit der Überzeugung, daß die EDV die zeitgemäße Anwendung ist) und andererseits doch viel Unzufriedenheit mit dem Bestehenden. Nur zwei ärztliche Abteilungsleiter bewerteten ihre EDV-Applikation durchwegs positiv, haben selbst aber noch nie damit gearbeitet. Es fällt auch auf, daß die ärztlichen Leiter die Systeme positiver sehen, als die Mitarbeiter, die damit arbeiten (müssen).

Die Fragen (Tab.2) wurden mindestens zwei Mitarbeitern der Institute gestellt; meist dem Leiter/in und einem ärztlichen Mitarbeiter/in.

Die Frage nach der „Zufriedenheit" wurde direkt („Wie sind Sie mit Ihrem System zufrieden") gestellt und mehrmals hinterfragt („Was würden Sie tun, wenn man Ihnen Ihr System wieder wegnehme? Wenn Sie wieder vor der Entscheidung stünden eine EDV-Applikation anzuschaffen, würden Sie dieselbe wählen ... u.ä.).

1.	**EDV**	**vorhanden, geplant, nein**
2.	**Entwickler/System**	**Gemeinde, private, selbst**
3.	**Vernetzung**	**großteils, Teilbereiche, keine**
4.	**Anwendung** (möglich / tatsächlich) stationär / ambulant Administration Krankengeschichte incl. Decurs... Befund, Konsiliar, Arztbrief... Leistungserfassung/ Verrechnung (Therapie)terminplanung „zusätzliche"	**ja, nein**

Tab.2 Fragen

Die Antworten (Tab.3) zeigen eine hohe Anzahl von EDV-Anwendungen. Von 30 befragten Instituten werden im Befragungsjahr noch 24 zumindest eine EDV-Basisapplikation haben.

Auch die Vernetzung ist schon weit entwickelt. Der Parameter „Vernetzung - Teilbereiche" bezieht sich auf Administration und Leistungserfassung. Darüber hinausreichende Implementierungen wurden unter „Großteil" gezählt.

FRAGEN	ANTWORTEN	EINZEL-SUMME
EDV	VORHANDEN	19
	GEPLANT	6
	NEIN	5
ENTWICKLER	GEMEINDE	6
	PRIVATE	14
	SELBST	4
VERNETZUNG	GROßTEIL	8
	TEILBEREICH	7
	NEIN	4
ANWENDUNG	ADMINISTRATION:	17
	STATIONÄR:	15
	AMBULANZ:	19
	KRANKENGESCHICHTE:	5
	DECURS - ÄRZTE:	2
	DECURS - THERAPEUT:	0
	BEFUND/AB/KONSIL:	15
	LEISTUNGSERFASSUNG/VERRECHNUNG:	13
	THERAPIEEINTEILUNG:	4
	„ZUSÄTZLICHE"(z.B: div. Diagnosegeräte)	13

Tab.3 Antworten

Die Anwendungen zeigen noch ein starkes Übergewicht der rein verwaltungsbezogenen Arbeiten, wie „Administration, Verrechnung/Leistungserfassung. Die unmittelbar medizinische Anwendung steckt noch (immer) in den Anfängen. Ausnahme sind die Befundschreibung/Arztbriefschreibung wohl deshalb, da hier oft kleine Textverarbeitungssysteme eingesetzt werden.

Aus den eigenen und den mitgeteilten Erfahrungen läßt sich der Schluß ziehen:

Es gibt derzeit keine - die Anwender - *zufriedenstellende Gesamtlösung* für die Physikalische Medizin und Rehabilitation.

Im folgenden soll versucht werden, stichwortartig (teilweise sehr subjektiv und ohne Anspruch auf Vollständigkeit), ein paar allgemeine und spezielle Gründe dafür aufzuzeigen und zur Diskussion stellen:

Es kristallisieren sich bei einer Analyse der Erfahrungen/Meinungen 2 grundlegende und schon im Vorfeld liegende Problemzonen heraus: KOMMUNIKATION und eine überzogene ERWARTUNGSHALTUNG.

2. Kommunikation

Positive Kommunikation / konstruktives Arbeiten kann es nur dann geben, wenn man sich auf derselben Ebene trifft. Hier muß leider noch immer eine mir nicht nachvollziehbare Hartnäckigkeit bei den Entwicklern und Anbietern konstatiert werden, mit der versucht wird, die „Anwender" auf die Ebene des Fachmanns - einschließlich der Fachsprache - hinauf zu hieven. Es beeindruckt die Selbstverständlichkeit mit der vom „Fachmann" angenommen wird, daß jeder Gesprächspartner unter „bus station", „Formular" uvm. das gleiche versteht. Ein Arzt muß selbstverständlich z.B. ein Aufklärungsgespräch vor einer Operation so führen, daß der Patient es auch (ohne Vorbildung) verstehen kann. Und er muß sich vergewissern, daß der Patient es verstanden hat.

Ein aktuelles Beispiel: Für die Entwicklung eines Krankenhauskonzeptes bzw. von Ausschreibungsunterlagen für das KH Krems wurden u.a. auch die einzelnen Abteilungsleiter zur Mitarbeit eingeladen. Sie wurden gebeten, anhand von ausgeteilten Unterlagen abteilungsspezifische Abläufe aufzuzeichnen und „Formulare" zu erstellen. Es stellte sich nach einigen Tagen heraus, daß höchstens drei Primarärzte die Unterlagen auch „lesen" konnten und richtig verstanden. Dies obwohl hier von Seiten der Verantwortlichen spürbares Engagement dahintersteckte, endlich einmal auch die Ärzteschaft zu einer nutzbringenden Mitarbeit zu motivieren.

Es fällt vielen Ärzten schwer, ihre vielfältigen diagnostischen und therapeutischen und „daneben" administrativen Tätigkeiten mit den vielen unbeeinflußbaren Variablen (von „Gangbett" bis „Zwischenfall") in geordneten Abläufen zu definieren. Üblicherweise werden die „Ausnahmen" z.B. Akutfälle in den Vordergrund gestellt, wodurch ein programmierter Ablauf „undenkbar" ist.

Die EDV-Hersteller und -Vertreiber - also Außenstehende - versprechen „einfache" Lösungen sofort oder in kürzester Zeit. Die Palette der Argumente reicht von „Im KH xy haben wir das so gelöst, und alle sind davon begeistert" bis hin zum „Sie sagen uns, was Sie wollen; wir machen das dann schon". Zartes Mißtrauen mit Hinweisen auf nicht so positive Erfahrungen anderer Abteilungen wird rasch weggewischt („Unkenrufe/Anlaufprobleme/Ausdruck einer stillen Verweigerung des Personals", „in Wien stehen schon Tausende Terminals"....).

Bei den ersten praktischen Anwendungen der so gelieferten Applikationen (z.B. Medizinische Dokumentation, Terminplanung) stellt sich dann sehr oft ein beiderseitiges (Anwender und Anbieter/Entwickler) Unbehagen ein, das letztlich auf einem „Mißverständnis" beruht: Der Anwender ist enttäuscht, daß die EDV-Lösung so starr, linear, einbahnmäßig, langsam, unflexibel, umständlich, zeitaufwendig (um einige häufige Antworten zu wiederholen) ist; der Entwickler/Anbieter ist enttäuscht, da er ja genau das geliefert hat, was besprochen wurde. - Und Änderungen sind meist aufwendig und teuer.

Um aus dieser Verständigungssackgasse herauszukommen, wäre es meiner Meinung nach wichtig und auch wert, daß der Entwickler eines solchen Konzeptes sich der Mühe unterzieht, nicht nur mehrere Gespräche mit den Anwendern zu führen, sondern auch einige Tage auf der jeweiligen Abteilung (wachen Auges) zuzubringen.

3. Erwartungen

Viele Anwender erwarteten sich einfach zu viel von der Einführung der EDV an ihrer Abteilung. Es wurde ja früher auch gerne suggeriert, daß „alles machbar" sei, daß „Ihre Probleme mit EDV lösbar" seien, daß vieles und viel „eingespart" werden könne und „leichter" werde, daß „Papier überflüssig" werde (so hatte man sehr optimistischerweise im SMZO gar keinen Platz mehr für Aktenschränke eingeplant), daß wenn schon "nicht alles, aber zumindest vieles rascher gehen" werde. - Alles sehr abstrakt - und trotzdem nicht zutreffend.

Bei Gesprächen mit Entwicklern bzgl. Anforderungsdefinitionen („Wünschen") wird man zu selten mit den budgetären Zwängen konfrontiert. Man darf praktisch unbeschränkt planen, definieren, „träumen", ein rigoroser finanzieller Rahmen, eine exakte Vorgabe würde auch hier mithelfen, überzogene Erwartungen zu verhindern. Oft bekommt man letztlich nicht die notwendige Hardware (Anzahl und Konfiguration), die für die Umsetzung von ausgefeilten Vorstellungen nötig ist.

Derzeit gibt es noch keine die Anwender zufriedenstellende Gesamtlösung für die Physikalische Medizin und Rehabilitation. Dies trifft besonders auf Institute und Abteilungen in allgemeinen Krankenhäusern mit angeschlossenem Ambulanzbetrieb zu. Es gibt Teillösungen, z.B. die Therapie-Terminplanung funktioniert schon in Häusern am besten dort, wo turnusmäßige Aufnahmen und Entlassungen die Regel sind. Aber auch hier gab es anfänglich lustige „EDV-Streiche" bzgl. Therapiekombinationen, Therapiezeiten ...

Eine zufriedenstellende, akzeptable Therapieterminplanung mittels EDV für ein Institut (wie hier im Krankenhaus Krems) mit einer stark wechselnden Anzahl von zu betreuenden stationären Patienten (täglich zwischen 10 und 25 „neue" Patienten), einer stark schwankenden Anzahl ambulanter „Akutfälle" und über 150.000 ambulanten Leistungen jährlich ist noch nicht in Sicht und auch nicht für die erste Phase einer Konzepterstellung sinnvoll.

Die häufigsten Kritikpunkte an den implementierten Systemen können wie folgt zusammengefaßt werden:

a) Unerwartet hohe Zunahme des Arbeitsaufwandes aller Beteiligten, der nicht allein in mangelnder Erfahrung begründet ist. Anfangs verdoppelt sich der Zeitaufwand bei der medizinischen Dokumentation, bei einem gleichzeitigen Informationsverlust (fehlende Graphik).

b) Rückgang der Anzahl der diagnostischen und vor allem therapeutischen Leistungen, wenn Therapietermine mittels EDV eingeteilt und bestätigt werden. Es bleibt wenig Platz und Flexibilität für „Akutfälle", kein Raum für „rasch eingeschobene", zusätzliche Therapien, sinnvolle Therapiekombinationen müssen „auseinandergerissen" werden, da sonst zu viele Leerplätze; wenn man eine Behandlung nicht am Monitor bestätigt oder eingibt, ist sie oftmals „verloren"; nachträgliches Bestätigen ist oft aus rechtlichen Gründen nicht erlaubt. Darüber hinaus gibt es zu diesem Punkt noch viele weitere Aspekte; z.B. Patientenzufriedenheit/-compliance durch Flexibilität bei der Berücksichtigung ihrer Wünsche.

Würde man jetzt nur diese zwei Parameter, Arbeitsaufwand und erbrachte therapeutische Leistung zur Beurteilung der Qualität von EDV-Systemen heranziehen, nämlich als Verhältnis von Ergebnis zu Aufwand, dann müßte man sogar behaupten, daß durch die Implementierung von EDV-Systemen zumindest anfangs die Qualität sinkt.

c) Zuwenig Hardware was beispielsweise zu keiner Dokumentation durch Therapeuten und weiteren parallelen handschriftlichen Aufzeichnungen führt.

d) Zu kleine Monitore/Bildschirme mit zu geringer Zeilenanzahl und oft viel redundanter Information. Die entstehende mangelnde Übersichtlichkeit erfordert oftmaliges „Seitenspringen".

e) Vermehrte Papierflut durch parallele - redundante, aber geforderte - Aufzeichnungen, mitgebrachte Befunde, Kopien usw.

f) Verschlechterung der interdisziplinären Kommunikation. Beispielsweise kommen Anmerkungen, die früher handschriftlich und ad hoc ins Krankenblatt/Stockermappe des jeweiligen Patienten geschrieben wurden, jetzt per „mail" - und werden „abgelegt").

g) Lange Bildschirmaufbauzeiten, Schablonenwechselzeiten, umständliches Vidieren usw.

h) Relativ häufig Systemabstürze, Fehler im System, welche meistens aufwendiges nachträgliches Eingeben erfordern.

Diese Liste ließe sich noch mit für die jeweilige Applikation typischen Mängeln fortsetzen.

4. Zusammenfassung und Ausblick

Anhand von Abteilungen für Physikalische Medizin und Rehabilitation wurden Probleme bei der Einführung von EDV-Systemen in Krankenhäusern aufgezeigt und diskutiert. Die Probleme haben ihre Ursachen meist in einer mangelnden Kommunikation zwischen Hersteller und Anwender sowie in einer zu großen - von den Herstellern geweckten - Erwartungshaltung seitens der Anwender.

Einiges hat sich in den letzten beiden Jahren zum Positiven geändert. Auf der technologischen Seite durch die rasante Weiterentwicklung (enorm gestiegene Leistungsfähigkeit, Graphikfähigkeit, diverse Eingabesysteme - Licht, Sprache). Durch den Preisverfall wird vieles davon erschwinglich und realisierbar und so die Kommunikation zwischen Arzt und Patient durch den Rechner nicht mehr empfindlich beeinträchtigt; aber auch das Gefühl von vielen Ärzten, am Computer wertvolle Zeit zu vergeuden, minimiert.

Auch von Seite der Entwickler/Anbieter her setzt man sich mehr mit den speziellen Bedürfnissen für die Physikalische Medizin und Rehabilitation auseinander. Man weiß jetzt, daß adaptierte Programme anderer Abteilungen nicht ausreichen, um diesen komplexen Anforderungen zu genügen.

Es handelt sich um ein interdisziplinäres Fach, d.h. stationäre Patienten aller Abteilungen und ambulante Patienten (poststationäre Behandlung/von Ambulanzen des Hauses zugewiesen/ von auswärts zugewiesen) werden betreut und behandelt. Dies erfolgt in einzelnen oder mehreren Diagnostik- bzw. Therapiebereichen (Station/im Institut/Gymnastikraum/

Hydrotherapie/Logopädie/Ergotherapie/Elektrotherapie usw.). Jeder dieser Patienten wird untersucht/behandelt vom Arzt und/oder Physiotherapeuten und/oder Masseur und/oder Ergotherapeuten und/oder Logopäden. Alle diese verschiedenen Berufsgruppen sind verpflichtet, auch konsequent zu dokumentieren.

Für den Bereich des Institutes für Physikalische Medizin und Rehabilitation des Krankenhauses Krems soll ein funktionstüchtiges, zufriedenstellendes Konzept verwirklicht werden. Notwendig ist daher, daß eine enge Kooperation zwischen Hersteller und Anwender besteht. Ein Mitarbeiter des Herstellers kennt die betreffende Station von „innen". Dies könnte ein Präzedenzfall für zukünftige Applikationen sein.

Schriftenreihe der Wissenschaftlichen Landesakademie für Niederösterreich

R. Danzinger (Hrsg.)

Psychodynamik der Medikamente

Interaktion von Psychopharmaka mit modernen Therapieformen

1992. 11 Abbildungen. X, 107 Seiten.
Broschiert öS 275,–, DM 39,–
ISBN 3-211-82314-X

J. Forslin, P. Kopacek (eds.)

Cultural Aspects of Automation

Proceedings of the 1st IFAC Workshop on Cultural Aspects of Automation,
October 1991, Krems, Austria

1992. 21 figures. VIII, 113 pages.
Soft cover öS 275,–, DM 39,–
ISBN 3-211-82362-X

Gabriele Mras

Untersuchung zum Maß ärztlichen Handelns

Das ärztliche Handeln im Zielkonflikt zwischen personellem Wohl
und medizinischer Vernunft

Mit einem Geleitwort von Peter Kampits
1993. X, 97 Seiten.
Broschiert öS 275,–, DM 39,–
ISBN 3-211-82489-8

P. Kopacek (ed.)

Robotics in Alpe-Adria Region

Proceedings of the 2nd International Workshop (RAA'93),
June 1993, Krems, Austria

1994. 133 figures. X, 230 pages.
Soft cover öS 415,–, DM 59,–
ISBN 3-211-82545-2

Preisänderungen vorbehalten / Prices are subject to change without notice

Sachsenplatz 4–6, P.O.Box 89, A-1201 Wien · 175 Fifth Avenue, New York, NY 10010, USA
Heidelberger Platz 3, D-14197 Berlin · 3-13, Hongo 3-chome, Bunkyo-ku, Tokyo 113, Japan

Josef Dézsy, Hans Schwanzer

Einführung in das Krankenanstaltenmanagement

Der Betrieb Krankenhaus und seine Stellung im Gesundheitssystem

Mit einem Geleitwort von Karl Fellinger

1993. 42 Abbildungen. XII, 189 Seiten.
Broschiert öS 415,–, DM 59,–
Hörerpreis: öS 332,–
ISBN 3-211-82462-6
(Springers Kurzlehrbücher der Wirtschaftswissenschaften)

Preisänderungen vorbehalten

Das ökonomische System vor allem der öffentlichen Krankenanstalten bedarf
eines Umbruchs, wenn es bei gesicherter Qualität der Versorgung finanzierbar
bleiben soll. Durch die Integration von medizinischem und ökonomischen
Wissen im Management der Krankenanstalten soll sinnvolle Wirtschaftlichkeit
im Gesundheitswesen erreicht werden.
Die „Einführung in das Krankenanstaltenmanagement", in Kooperation von
Wissenschaft und Praxis geschrieben, will leitenden Ärzten, Verwaltern und
Krankenpflegern Einblick in die spezielle Betriebswirtschaftslehre der
Krankenanstalten geben, ohne ökonomisches Basiswissen vorauszusetzen.
Behandelt werden: Bedürfnis und Bedarf im Gesundheitswesen - Planung,
Entscheidung, Realisation und Kontrolle - Materialwirtschaft, Investitionen,
Finanzierungen, Rechnungswesen - Gesundheitsmarkt und Preisbildung -
Institutionen im Gesundheitswesen.

Springer-Verlag Wien New York

Sachsenplatz 4–6, P.O.Box 89, A-1201 Wien · 175 Fifth Avenue, New York, NY 10010, USA
Heidelberger Platz 3, D-14197 Berlin · 3-13, Hongo 3-chome, Bunkyo-ku, Tokyo 113, Japan

K. Lenz, P. G. H. Metnitz (eds.)

Patient Data Management in Intensive Care

1993. 24 figures. VII, 150 pages.
Soft cover DM 49,–, öS 350,–
ISBN 3-211-82513-4

(Intensivmedizinisches Seminar, Band 6)

Recent technological innovations - influenced primarily by the development of more sophisticated, faster and cheaper computer systems - permitted also the evolution of more affordable systems for Patient Data Management, so called PDM-Systems. The experience of the authors, on one of the first PDMS installation sites in Europe, shows that the purchase of such a system is not an easy task, since accurate data are not available in a comparable format. Therefore the first part of the book is devoted to a comparison of already installed, commercially distributed bedside based PDMS with regard to their specifications, functions and performance. The methods included a questionnaire with detailed questions for the vendors to answer and a "table of functions" comparing the most important functions which should be included in a PDMS. With that list the different systems (which were all in clinical use) were checked for the availability and the way of use of these functions. To evaluate variations in the systems performance an "information retrieval test" was designed and executed. In the second part the different vendors, whose systems were included in the study, were to describe the systems from their viewpoints. The third part contains papers describing the users' experiences. The fourth and last part shows how to use PDMS-data for scientific and therapeutic purposes including two papers on clinical expert systems. Thus, this book provides valuable information for clinicians and hospital managers who have to decide on the purchase of a Patient Data Management System.

Prices are subject to change without notice

Sachsenplatz 4–6, P.O.Box 89, A-1201 Wien · 175 Fifth Avenue, New York, NY 10010, USA
Heidelberger Platz 3, D-14197 Berlin · 3 13, Hongo 3-chome, Bunkyo-ku, Tokyo 113, Japan